日本史の法則

本郷和人
Hongo Kazuto

河出新書
036

はじめに

鎌倉武士のリーダーとして源頼朝が御家人たちにもっとも強く求められた働きは、彼らの領地を頼朝の名のもとに安堵することだった。一一八〇（治承四）年の旗挙げ以来、頼朝は自身の花押（サイン）を書いた「下文《くだしぶみ》」という文書を作成して、御家人たちの本領への所有権を「この地は確かにお前のものである」と保証してきた。

ところが、一一九二（建久三）年に征夷大将軍に任じられると、頼朝は下文の様式を改めた。それまでの、彼の花押が記された（大よそは文書の右側、つまり袖の部分）下文は回収し、征夷大将軍の役所である「将軍家政所《まんどころ》」を主体とする下文を発給することにしたのである。この措置は、御家人たちに対する頼朝の権威の増大を企図したもの、と説明される。

ところがこの決定に抗う者が現れた、と『吾妻鏡《あずまかがみ》』は記している。幕府の草創から甚大な貢献をしてきた千葉常胤《つねたね》がその人であった。新しい下文には、政所の役人しか署名していない。こんなものは後世に伝える証明書にはならない。私の功績を考慮して、我が千葉家には頼朝様の花押が記された、昔ながらの下文を頂戴したい。常胤のこの訴えを認めて、頼朝は従来の形式の下文も書き与えた、という。

千葉家は残念ながら、家の文書を現代に伝えていない。だから、この時に給された文書は存在しない。ところが、小山朝政《おやまともまさ》を受取人とする、建久三年の下文が『松平基則《もとのり》氏所蔵文書』の中にある。これは袖に花押のある、従来型の下文なのである。

徳川家康の次男、松平秀康は豊臣秀吉の人質となっていた。そのあと秀康は関東の名門・結城家の養子となったが、秀吉の没後に松平姓に復した。このとき自身の五男の直基《なおもと》に結城家の祭祀を託した。その末裔が基則氏である。

小山家は結城家の本家に当たる。北関東随一の勢威を誇ったが、室町時代に鎌倉公方の足利家と戦って滅びている。小山家でこの上なく大切にされた下文が親戚の結城家に預けられ、それがやがて松平直基に委ねられた。そう解釈すると、とても納得できる。

『吾妻鏡』が記す千葉常胤のエピソード。それから小山朝政あての下文の存在。これは、将軍家政所下文を嫌い、頼朝の花押が明記された下文を欲する御家人が、常胤の他にも存在したことを証明する。かかる推察を①とする。①はかつて公的な博物館で学芸員公募の試験に出題されたほどであるので、広く認められる歴史認識として間違いあるまい。さて、問題は、その次のステップでの推測である。

②証拠があるのは、千葉常胤に小山朝政。この二人に共通するのは、本拠とする国では第一の武士だということ。千葉は桓武平氏で下総の守護を務める。小山はムカデ退治で有

名な藤原秀郷《ひでさと》の嫡流で、足利氏を押しのけて、下野の守護になっている。こうした有力な家だからこそ、頼朝に「おねだり」ができた。他の御家人ではこうはいくまい。他の家の文書に建久三年の年次をもつ従来型の下文が見当たらないのは、決して偶然ではない。

③五味文彦先生の指摘で気がついたのだが、『曾我物語』の古いものに「南関東四ヶ国」という括りが出てくる。駿河・伊豆・相模・武蔵の武士たちは、箱根山権現《ごんげん》・伊豆山権現への信仰を共有し、よく集まって狩りを楽しみ、酒宴を行い、親しく交わっていた。婚姻も二重三重に結ばれ、縁戚でもあった。彼らのコネクションを基礎として、鎌倉幕府は成立する。ということは、千葉の下総、小山の下野は、関東といっても、幕府の真の根拠地からは外れる。どこか「お客さん」的な存在なので、頼朝の政策に異を唱えることができた。相模の三浦家や、武蔵の比企《ひき》家までが将軍家政所下文に文句を言ったら、そもそも下文の切り替え自体が無効になってしまう。だから、千葉や小山並みの幕府の重臣であっても、南関東四ヶ国の重臣は、静かに頼朝の決定に従ったのではないか。

言葉を換えるなら、『吾妻鏡』本文と古文書に則した①は、十分に「実証的」である。では②はどうか。①の堅実さに、千葉と小山の客観的な観察を加味した考察結果であるから、私は十分に実証的であると思う。③はどうか。鎌倉時代に成立した『曾我物語』古本に依拠する「南関東四ヶ国」という概念はたいへんに魅力的である。幕府の本当のお膝元を明らかにしつつの推論も、十分に「実証的」で、少なくとも議論に値すると私は考えて疑わなかった。

ところが、ある勉強会でこうした考えを発表したところ、研究者Aがきわめて激しく反発してきた。②、③は私の頭の中だけにあることであって、実証的ではない。日本史学においては、そうした考察をしては「ならないのだ」と。私は一瞬、鳩が豆鉄砲を食らったような顔になったと思う。いったいこの人はなにを言っているのか。私は②、③の可能性を検討して欲しかっただけだ。それなのに考えること自体を否定するとは。だが、会のメンバーは、私ほど驚いている様子はない。なんだこの人たちの「考える力」とは、この程度のものなのか。私は会を抜けた。

史料編纂所員として、『大日本史料』を編纂する。生の資料を活字に置き換え、数種類の注釈を付け、組み版を作成し、五校、六校と校正を重ねる（普通の書籍はたいてい二校まで）。そうした作業に没入すれば、批判を受けることはない。だが、それを活用してくれるはずの研究者のレベルがAと同じならば、日本史学の発展は期待できまい。

かつて平泉澄博士は、史料編纂所の仕事を「彼らは調べているだけだ。考えていない」と痛烈に批判した。だが、博士の考察の行き着いた先は、軍部や政界・財界など、当時の社会上層部にはとても都合の良い歴史観、皇国史観であった。こうしたものは私の流儀ではない。

ならば、私はどう考えるのか。みんなで考えることに嫌気が差したあの日から二〇年、とりあえず一人で、細々と考えることを続けてきた。本書はその一応のまとめである。日本の歴史とは何なのか、日本人とは何なのか。浅薄との批判を畏れずに、公開してみる。様々な議論の一助になるはずである。読んでいただくことを切望する。

目次

例／中世最大の外圧、モンゴル襲来が幕府を揺るがす／大陸に目を向けた足利幕府／実は「侘び寂び」が主流ではなかった室町文化／キリスト教と鉄砲伝来が戦国時代を変える／一向宗とキリスト教／なぜ江戸幕府は鎖国をしたのか？／黒船来航の衝撃が明治維新をもたらした

第四章 信じる者は、救われない――信じると大虐殺が……

宗教への距離感／一神教が入ってこなかった日本／海の向こうから仏教がやってきた／日本の仏教は中国化した仏教／仏教を利用するエリート日本人／仏様の暴走を神様がたしなめる／天台宗と真言宗はなにが違うのか／内向き平安時代のぬるま湯の信仰／キリスト教にあってこの国の仏教にないもの／仏は実在しないとバレていた！／武士の台頭と「南無阿弥陀仏」／狂信と距離を置いた日本人の知恵／「民を救え」という浄土の教えが幕府の政策に／「信じる」のではなく、すべてを疑う禅宗／室町幕府と禅宗／室町時代に実践された神明裁判／神前のくじ引きで将軍となった足利義教／信長に虐殺された一向宗／踏み絵を踏むべきか、踏まざるべきか／信じてしまったことの結末／疑うな。信じろ。――皇国史観が招いた運命

第一章

日本は一つ、ではない——この国は西高東低

日本は一つの国という物語

私たちは、小学校のころからずっと、日本という国について「一つの言語を使う、一つの民族が、一つの国家を形成し、長い伝統を紡いできた」と教わってきました。近年でも、そうしたイメージで日本を語る政治家がいらっしゃいます。

ですがそれは、どこまで真実なのでしょうか？　もちろんアイヌや沖縄の琉球王朝のことも考えなければなりませんが、とりあえずそれは措《お》くとしても、そもそも日本という国は本当に一つだったのでしょうか？

この問いを考えていく上で、まず押さえるべき視点は「日本とは、もともと西高東低の国だった」ということ。

奈良時代よりもさらに前。古代、聖徳太子が登場したとされる時代の日本人が注視していた方角は、あきらかに「西」でした。海の向こうに極楽浄土があるという沖縄のニライカナイ信仰や、神の贈りものは海を渡ってやってくるというパプアニューギニアのカーゴ信仰と同じように、古代日本にとっても新しい文物、文化は、海の向こうから来るものだった。そしてそれは東ではなく、西。つまり中国大陸や朝鮮半島へと至る海を越えてくるものでした。

神話には「三韓征伐を行った」という物語も出てきます。これをエビデンスをもって扱うのは難しいのですが、新しい文化を求めて、海の向こうの朝鮮半島に直接、影響力を行使しようとした。そこに拠点をつくろうとする試みは、あったのかもしれません。

しかし、「それならなぜ奈良なんだ」という疑問も出てくるでしょう。西に注目していたのなら、海をはさんで大陸への玄関口となる九州、とくに博多地域に、古代日本の拠点があってもよかったのではないか。

現在、奈良県桜井市の「纏向遺跡《まきむく》」を調査し、おびただしい成果が上がっていて、その結果、考古学では「これこそが邪馬台国だ」という意見が強くなっています。まだ九州説も健在ではあるのですが、すくなくとも大和王権の原型となる拠点が、纏向遺跡の場所にあったことは間違いない。

しかしなぜ奈良だったのか？　大陸、半島に近い都を置いたほうが便利ではないのか？　ただし「近い」ということは、地政学的なリスクもあるのです。自宅でも、玄関のドアのすぐ前で寝るよりも、奥の部屋にいたほうが安心なのと同じで、もし敵が攻めてきたら、という事態を考えると、とりあえず物理的な距離をつくっておいたほうがいい。

つまり「距離は防御なり」。たとえば『三国志』でも魏の曹操にとって、呉は長江の大河の向こうにある国でした。そうすると侵攻するにしても、一大準備が必要になる。であれば「放置しておくか」という判断にもなるわけです。同様に劉備の蜀もまた、山脈の向こうにある国でした。

余談になりますが、「距離は防御」という観点からすると、安全保障の面で厳しい位置にある首都がソウル。ソウルは三八度線のすぐ近くにあり、いざ戦争が起こった場合、すぐ侵攻にさらされることになります。

奈良の場合は、あそこが玄関口から距離をおいた、当時の日本でまず安心な場所だったのでしょう。さらにいうと、家屋でも奥座敷、奥の院というものがあります。その奥座敷にある地域が、おそらく伊勢だった。そこになにがあるかというと、伊勢神宮があるわけです。

そう見ると、古代日本のかたちは非常によくわかる。「もともと九州あたりにあった勢力が、瀬戸内海を進み、そして大和地方に入った」という神話の物語をどこまで史実として考えていいのか、それはひとつの大きな問題ではある。しかし、非常にありそうな話ではあります。九州なのか、奈良なのか。邪馬台国をめぐる論争についても、決着の方向性が見えてくるように思います。

白村江の大敗が古代日本を変える

西を向いていた大和政権は、その国運を賭けた決戦として六六三年に「白村江の戦い」

を戦い、大敗北を喫します。この戦いのために天智天皇（六二六―六七二）は兵を集めたわけですが、兵たちは西から集められた。敗北の後、西国はかなり疲弊したことでしょう。

そうした中、天智天皇はなくなり、その後継の座を巡って、天智天皇の息子の大友皇子（六四八―六七二）と、弟の大海人皇子（六三一？―六八六）の間で戦いが起こる。六七二年の「壬申の乱」です。

吉野に退いていた大海人皇子は、このとき鈴鹿を通って尾張に抜ける。そして東国の兵を集め、岐阜の関ヶ原の辺りに本営を置いた。この布陣は、当然、後の不破関の地勢を意識しているわけで、西から大友皇子の軍勢が来たとしても、どうしても狭隘な道を通らなくてはいけない。そのため効率よく防衛ができる。さらに「白村江の戦い」の戦いで疲弊した西国ではなく、東国で兵を募ったことが大海人皇子の勝利に結びついた。

「壬申の乱」に勝利した大海人皇子は天武天皇となり、ふたたびまた大和で王権をつくります。その彼の急務が、白村江の大敗を経た日本をもう一度、強いかたちで、国としてまとめ直すことでした。

国をしっかりとまとめ直し、国力を上げていかなければならない。しかしどうすれば底上げすることができるのか？　そうした問題意識を天武天皇とその周囲は持っていた。天武天皇の政策を見ると、もともと東国で兵を集めて勝利した人だけに、それまでは未開の地として開発が遅れていた東に目をむけていたことがわかります。

この天武天皇の時代に、地方行政の単位として武蔵国であるとか、尾張国であるとか、日本全国に国が置かれた。北海道だけは明治になってからですが、東海道や東山道、南海道、西海道といった幹線も定められた。そのようにして「地方行政に励む」という形を、少なくとも机の上では整えています。

そうするいっぽうで、関所も整備した。まず北陸から都に至る北陸道には、現在の福井県に愛発関《あらちのせき》を置いた。そして美濃国、現在の岐阜県に不破関を置く。三重県にはかつて自分が通った鈴鹿関があります。この三つの関を閉ざしてしまえば、北陸道、東山道、東海道を押さえることができた。

福井、岐阜、三重。その関所を縦に結ぶラインで日本列島をちょうど東西半分に分けることができます。このラインから西が大和政権にとっての「こちら側」。東は関の外の「向こう側」だったわけです。

古代の関はすべて都の東にあった

朝廷がずっと続けてきた行事に、固関《こげん》というものがあります。国が動くような重要な行事があるときに、関を固める。それが固関。朝廷にとっていちばん重要な行事は天皇の代替わりですが、それ以外でも、朝廷が大きな改革を行うときなどにも、この固関を行っています。

今の日本史では、この固関について「反乱分子となる悪人が東に逃亡しないように関を固めた」と説明される。しかし私は逆だと思う。つまり、国が動く重要な局面で、その機に乗じて、まつろわぬ民が奈良、そして京の都に侵入してくるのを防ぐために固関を行っていた。実際に、この三つの関は、みな都の東に、東のほうを向いて置かれている。つまり大和政権の統治に服さない勢力は、必ず東から来るのです。

三つの関の東。すなわち関東。この「関東」という呼び方は非常に古くからあります。私はてっきり箱根関の東側が関東だと考えていたのですが、基本的には中部地方も関東だった。フォッサマグナも含めて、東はすべて関東だったのです。

しかしやがて当初は奈良、つづいて京都に本拠地を置いた朝廷の勢力が大きくなり、その勢力が東へ東へと伸びていくにつれ、「関東」は狭められていく。関東地方が、箱根の東側に限定されていくのは、いつの時期か、それはまだ私にはよくわからないのですが、ある時期から、そうした形になっていった。

しかし「三つの関の東が関東」という感覚は、かなり後代まで残ります。たとえば源頼朝（一一四七―一一九九）は、自分の統治に服す御家人たちに「勝手に朝廷から官位をもらってはいけない」と通達した。ところがこれに最初に背いたのが弟の義経（一一五九―一一八九）で、後白河上皇（一一二七―一一九二）から官位をもらってしまう。

頼朝は激怒して、義経討伐ということになりますが、このとき義経のほかにも我も我もと官職を貰う御家人が出ています。頼朝は彼らに「それならば京都で後白河上皇にお仕えせよ。鎌倉に帰ってくるな」、そして「墨俣《すのまた》から東へ来たら、お前たちの首を刎《は》ねる」と宣告した。

墨俣は、一夜城で有名な墨俣ですから美濃国。東の権力、鎌倉幕府の支配が及ぶ領域は、この墨俣から東だったということになる。だから「三つの関の東側が関東」という地理感覚は、頼朝の当時にもまだ生きていたのです。

広大な東北に「国」は二つしか置かれなかった

天武天皇が日本全国に「国」を定めたことは、地方行政にきちんと取り組み、日本を均一に治めようという姿勢の証ではあります。しかしそれにしては、あの広大な東北地方に、たった二つしか国が置かれていない。現在の青森県、岩手県、宮城県、福島県からなる陸奥国と、秋田県と山形県にあたる出羽国です。

これでは手抜きと言われてもしようがない。要するに、奈良の都に住む人たちにとって、東北地方については、正直、地理的な知識も薄かった。その実情についてよく知らなかったのだと思います。

　平安時代になって、坂上田村麻呂（七五八―八一一）が軍勢を引き連れて東北に向かいます。しかしこれも真剣に東北地方を統治下に収めるために軍事行動を行ったわけではなく、実際のところは威力偵察、すなわち調査目的だった。

　その地の実情を知るために調査隊を出す。その際、非友好的な地域で戦闘を行うことも想定してある程度の規模の兵力を持って進出する。これを軍事の世界では威力偵察と呼びます。たとえば二度にわたってやってきたモンゴル軍も、第一回の文永の役のほうは、あれは威力偵察だったと言われています。

　おそらく坂上田村麻呂の軍事行動も、東北の地の完全支配を目指したのではなく、この威力偵察だった。そうしてようやくこの時期になって、朝廷も東北地方の「かたち」を把握するようになってくる。都に対して関東は田舎。そして東北は「さらに遠い田舎」という意識で定着していくことになります。

　西は都とそれに準じる先進地域。いっぽう、東国は僻地《へきち》。よく言えば未開のフロンティア。そうなると、朝廷の秩序のもとでは、もはや出世することが望めない食い詰め者や、新たな可能性を求めて一旗揚げようとする者がどこに向かうかというと、それが関東になる。かつてのアメリカであれば、一旗組は「Go West」で、とりあえずみんな金を掘って一発当てようと西に向かいましたが、日本の場合は「Go East」。朝廷が支配する西から、一旗組は東に向かったのです。

その中でも、いち早く関東に下ったのが、桓武平氏の一族でした。平将門（？―九四〇）の叔父さんたち世代が入植組の第一世代になって、関東に下った。彼らが定着して力を蓄え、やがて利益の分配を巡って衝突が起きる。それが「平将門の乱」ということになるわけです。

広く知られるように平将門は、朝廷軍によって滅ぼされたわけではない。やはり関東の土着勢力である藤原秀郷《ひでさと》や、あるいは平氏一族である平貞盛によって鎮圧されました。

藤原秀郷はムカデ退治の伝説でも有名な俵藤太ですが、一応、藤原とは名乗り、家系図の上でもつなげているものの、本当かどうかわからない。実際にはどこの馬の骨かわからない人だった。そんな人が登場してきて将門を滅ぼすあたりが、当時の関東の「田舎性」を際立たせています。

逆にいえば、「平将門の乱」のように、辺境の地に土着した勢力からのボトムアップが、歴史をつくる動きが当時すでにあった。

確かに文化は西から発達して、生産性も高い。食べ物だって美味しい。これが揺るぎない現実ではあった。しかし京都を中心に見ている限り、日本史は「上からの把握」になってしまう。すべてが京都由来かというと、それも違ったと私は考えています。実際には田舎には田舎のルールがあり、その田舎のルールを体現するような人物もいたのです。

平氏、源氏、武士の誕生

おもしろいことに、平家は関東を開拓し利益を上げると、その財産を持って伊勢に帰っていく。伊勢は、先ほど述べたように西国国家の奥座敷。つまり畿内でぎりぎり都のうちです。平家の中でも有力者は、その伊勢に帰還していきました。

そうすると関東はガラガラになるわけですが、帰ることができなかった傍流の平家たちは残されて、朝廷とのつながりを失い土着していく。こうした在地の領主が自分の土地を守るために武装し、東国武士となって行きます。

そうして権力希薄地帯となった関東に、新たに勢力を伸ばしてきたのが源氏でした。八幡太郎こと、源義家（一〇三九―一一〇六）が、「前九年の役」で陸奥国の安倍氏と戦い、「後三年の役」では出羽国の清原氏と戦った。義家はこのとき、関東の武士を率いて東北に行き、戦いの過程で武士たちとの絆を深め、リーダーとして信望を集めるようになります。

後に源頼朝も、また東北に軍勢を進めて、平泉の奥州藤原氏を滅ぼした。その際、自ら出陣し、八幡太郎義家の故事にならって東北の地で勢揃いをおこなっています。「関東の武士たちを率いて東北で戦い、勝利した」というご先祖様の物語を、あらためてみなに追体験させたわけです。

大阪大学の川合康先生はこれを重視し、東北の地で武士たちとの主従関係をあらためて結び直したという、頼朝の政権にとって重大なターニングポイントであったという意味の指摘をしています。ただ頼朝が武士たちに示した「俺たちは前にもいっしょに東北で戦った。俺たちは昔からずっと主従だったんだ」という歴史は、どこまでリアルなのでしょうか。

確かに八幡太郎義家は、軍事行動を起こすにあたって、関東に土着していた武士たちと主従関係を結び、東北に流れ込んだ。その関係がずっと続いたのであれば、頼朝も正しい。けれど実際は、義家の息子（義親）は無能で、さらにその次（為義）も無能。二代にわたってボンクラが続いてしまった。そのために武士たちとの主従関係は、ここで途切れてしまう、と考えるべきではないか。

しかし後に、京都で食い詰めた頼朝の父、源義朝（一一二三―一一六〇）が単身、関東に下り「源氏の夢よ、もう一度」とばかりに、かつての絆をつむぎ返した。その絆を受け継いだ頼朝としては、「源氏の棟梁が、武士たちを率いて東北で戦った」という義家の記憶を利用し、追体験させることで、主従関係をあらためて深めたかった。そして自分が武家のリーダーとなることの正統性を示そうとしたのでしょう。

東北の記憶を利用する武家政権

足利尊氏（一三〇五—一三五八）は室町幕府をつくる過程で、あたかも「自分は源頼朝の再来だ」と言わんばかりに、頼朝の事績をなぞっていきます。

尊氏もまた、東北地方の記憶を、源氏の権威の根拠のひとつにする。その意味では「奥州の地で源氏の棟梁と武士たちがともに戦った」という記憶はしっかりと定着し、武士たちのアイデンティティを構成する「物語」となっていたと言えるでしょう。この「物語」は、尊氏が、武士のリーダーとして「征夷大将軍」となるとき、活きてくることになります。

川合康先生は、この義家以来の「武士の物語」の舞台が、東北であったことを重視します。卓見だと思うのですが、ただ、私には、東北であったことに必然性があるのかどうか、まだわからない。

源氏にとって「前九年の役」「後三年の役」が重大な事件だったことは疑いはない。しかしそれが東北で行われたことに意味があるのか。もし反乱が起きて、それと戦うことで源氏の名をあげることができるのならば、別に東北以外の、どこの地域でもよかったのではないか。そこのところがまだよくわからない。

もっとも、これは次章のテーマとなりますが、日本の歴史はぬるいのです。中国の都市とは違い、平城京や平安京には城壁がない。なぜないのかというと、要らなかったのでしょう。盗賊の類いは出たことでしょうが、本格的に朝廷を攻撃しようとするような勢力の存在は、考慮されていない。

「朝廷の統治がうまくいっていたので、反乱を想定する必要もなかった」というほどの政治力は、朝廷にはなかったと思いますが、「名前を挙げたい」「権力をつかみたい」という野望を抱き、そのために反乱を起こすような勢力は畿内にはいなかった。そんな人間が現れるのは辺境。つまり「東」。

ただすでに関東では、平将門が現れて暴れまわった後。だから次に反乱が起きるフロンティアは、東北になるということかもしれない。関東でも「平忠常の乱」(一〇二八)が起きていますが、これはあくまで限定的なものだった。もはや大きな反乱は東北地方でしか起きず、それに見事に乗って利用したのが源氏だった。後に頼朝は、かつての源氏の成功体験をうまく持ち出して「あのころから俺たちはずっと仲間だったじゃないか」と武士たちに呼びかけた。

そう考えると、なにも私のように「東北である必然性はあるのか」と、難しくとらえる必要はないのかもしれません。

鎌倉幕府を支えた武士はみな平家

関東に土着し、一定の力を持つようになった武士たち。彼らは朝廷の支配に飽き足らず、「俺たちには俺たちの代表が必要だ」と考えるようになっていた。その武士たちを、頼朝が束ねた。それが鎌倉幕府です。

関東に土着した武士たちとは、元をたどれば平家。だから鎌倉幕府を支える有力御家人となったのは実は源氏ではなく、みな平家です。つまり「源平の戦い」とは、源氏と平氏の権力争いではない。在地領主の独立戦争だったのです。その結果、誕生した鎌倉幕府は、日本に初めて生まれた「在地領主の、在地領主による、在地領主のための政権」でした。

この政権の成立は、それが朝廷の影響力の希薄な関東だったからこそ可能だったのだろうと、今になって私は考えるようになりました。

中世日本における鎌倉幕府。そのあり方について、現在、主流の歴史理論である「権門体制論」では、天皇を中心にした秩序の中で、軍事を担当する権門、として見る。いっぽう、「東国国家論」では、朝廷とは独立したひとつの国家主体と見る。

私も後者の立場ですが、これまでは「東国国家論」を強調するあまり、重要なのは軍事力。ハードパワーを持つ以上、朝廷の権威や意向など関係なく、腕っぷしにものを言わせて、武士たちが政権を打ち立てた。それなのに「今までの研究者は、朝廷との関係を重視し過ぎたのではないか」と考えてきました。

ですが「古代日本は西高東低の国だった」という視点を取り入れると、やはり朝廷の存在は無視できない。「武家の新政権は、先行する権力である朝廷に、承認される必要があったのだ」と思い直しています。

少なくとも頼朝本人は、関東に自分がつくった政権を、京都に認めさせる活動を一生懸命に行っています。それはおそらく彼自身が選択した政策でした。頼朝は武家のリーダーとなった後、生涯で二度、上洛しています。その最初は一一九〇年、征夷大将軍になる二年前ですが、このとき頼朝は後白河上皇と会い、会談を行っています。まさに東西両巨頭会談です。

源頼朝の外交政策

このとき頼朝は上皇に「私の有力な家臣に、上総広常《かずさひろつね》という男がいました」と語りました。上総広常（?―一一八四）は、その名の通り上総を代表する御家人で、強大な勢力を持っていた。彼は、朝廷に接近しようとする頼朝に批判的で「頼朝様は、なぜ京都をそれほど意識するのか。我々関東の人間が、自分たちの力で政権をつくった。だから関東は関東のやり方で行くのでいいはずだ」と言っていた。まさに「東国国家論」に立つ私が言いたいことを、すべて言ってくれていたわけです。けれど頼朝は上皇にこう伝えています。

「私はその方法はとりません。だから上総広常は殺しました」

私も、頼朝に同じことを進言していたら殺されていたことになりますね。

頼朝は上皇に頭を下げ「私は、上総広常のような独立独歩路線をとりません。あくまでも朝廷とは良好な関係を保ち、自分たちの存在を認めてもらうという方針でやってきました。私はこれからも後白河上皇に忠節を尽くします」と言明した。

そうした話が『愚管抄』に書かれています。これが事実なら、頼朝は、「武力で強引に政権を打ち立てた人」ではない。「朝廷との外交を展開し、なんとか自分たちのあやふやな軍事集団を定着させようとした人」だったのです。

しかしそれは「なんでそんな、朝廷に尻尾を振らなくちゃいけないのか」という反発も生んだことでしょう。反発は、上総広常ただ一個人だけではない。関東の武士たちの間で、潜在的に共有されていたことでしょう。

もっとも反発を覚えても偉大なカリスマである頼朝本人には言えないし、逆らうことはとてもできない。逆らえば上総広常と同じ運命です。だから頼朝が死んですぐ、梶原景時（？―一二〇〇）が殺されることになった。頼朝には向けることのできない反発を、腹心の部下の景時が背負うことになったのです。彼の運命は、豊臣政権における石田三成（一五六〇―一六〇〇）の立場に似ています。虎の威を借る狐が、虎が死んだ後、憎悪が集中してやられた。

武士たちは本心では朝廷と折衝を行う必要は、感じていなかったのでしょう。理解できなかった。しかし優れた政治家である頼朝は「政治も文化も西のほうが優れている。その地で先行した権力に、自分たちの政権を承認してもらう。そうして追いつけ追い越せでやっていくしかないんだ」と考えていた。

おそらく頼朝は、武士の政権の誕生は、遠い関東だったからこそはじめて成立したと考えていたのではないでしょうか。その意味で、平清盛（一一一八―一一八一）は大きく判断を誤った。彼自身が頼朝を関東に流してしまったのですから。

源義朝が「平治の乱」（一一五九）を起こし敗北した後、清盛の前にまだ一三歳の頼朝が引き出される。頼朝は義朝の嫡男の跡継ぎですから、生かせば、将来に禍根《かこん》を残す。ふつうであれば首を切られるのが武家の常識です。しかし清盛は許した。その理由はいろいろあったのでしょうが、清盛には、そうした情け深いところがあったのかもしれません。

ただ、許すにしてもわざわざ関東近くに流したことは、まさに盗人に追い銭、失敗でした。たとえば頼朝のすぐ下の、母を同じくする弟の希義《まれよし》（？—一一八〇）は土佐国に流されます。土佐は土佐で当時は最果ての遠国ですが、しかしそれでもやはり西。平家の力が及ぶ範囲なので、頼朝が挙兵すると、希義はかんたんに殺されてしまいます。だから頼朝も西国に流しておけば、反乱を起こしてもすぐさま鎮圧されたのではないでしょうか。

平清盛と豊臣秀吉の失敗

この事情は後に、秀吉が徳川家康（一五四三—一六一六）を関東に配置換えした事情と似ていますね。なぜ関東だったのか？　その説明は私はまだ見つけられないのですが、ひとつの解答としては、やはり関東は僻地と見られていた。そこに流してしまえば、もう終わり。忘れていいという感覚だった。しかしだからこそ反逆の芽も育つのです。

西であれば仮に挙兵には成功したとしても、当時の朝廷には直轄軍はありませんでしたが、それでも朝廷の命令に従う武士は大勢いた。平家の命令に従う武士も大勢いた。だから西国において武士の政権をつくろうとしても、結局は潰《つぶ》されていたことでしょう。

「権門体制論」と「東国国家論」。その論争を乗り越えるためにはなにが必要か。私はそのことをずっと考えてきたのですが「西高東低」の視点を経由すると、武士政権成立の過程における、京都朝廷のアドバンテージも視野に含まれてくる。そうすれば中世日本の国家像をめぐる論争も、着地点が見えてくるのではないかと考えています。

西へと向かう武士の権力

西は生産力が高く、文化だけではなく経済も上。であれば視野を広くもてる人はみな、西で暮らしたいでしょう。実際、平家は関東で一旗揚げたのち、伊勢に帰還しています。その後、彼らは京都で権力を握った。ですが朝廷と一体化してしまったために「武士のリーダー」の資格を失って、結局は滅んでしまった。頼朝はそうした平家政権の運命をしっかりと見て、自分の教訓としていたことでしょう。

だから彼は、朝廷の承認は得る一方で、京都とは距離を置いた。先に述べましたが、彼は伊豆へ流されたあと、ただの二度しか上洛していないのです。彼ほど、距離をとることで鎌倉幕府は成立し、潰されずにすんだということを実感していた人物はいないでしょう。先に述べた「距離は防御なり」とは、ここでも言えるのです。

やがて鎌倉幕府は力をつけはじめるにつれ、じわじわ西へと勢力を伸ばしていく。かつて朝廷が東に進出し、東北に坂上田村麻呂を送ったような動きを、今度は幕府が西に向かってはじめることになります。

その契機となったのが、まず「承久の乱」（一二二一）です。朝廷が幕府を倒すことを掲げて挑戦してきた。このときもし幕府が西にあれば、朝廷の命令に従う武士たちによって倒幕は成功したかもしれません。しかし東の武士たちは朝廷の命令を聞かず、むしろ後鳥羽上皇（一一八〇―一二三九）と対立する幕府の指令を受容し、朝廷は敗北しました。

そうして既得権益を持っていたエリート層が敗北したために、戦後、東国武士の勢力が西に入り込んでいくことになります。平家が持っていた全国五百ヶ所の荘園を、頼朝は自分のものにした。それが鎌倉幕府の経済的な基盤になったといわれます。「承久の乱」の場合は、幕府は三千ヶ所もの所領を手に入れた。その所領は当然、西国が中心です。その所領に次々と東国の御家人たちが入っていったことで、幕府の勢力は西へ西へと伸びていきました。

その次の契機はモンゴルの襲来。このとき、戦争の現場となったのは九州でした。そのために西の中でも特に九州に幕府の力が伸びていった。ほぼ西国全体まで伸びていったわけです。

かつて関東を本拠地にしていた武士政権が地力をつけ、その力が九州にまでまで及ぶようになった。この段階に至ってなにが起きたかというと「貧しい関東は捨てよう」という発想が出てくる。ついに武士たちは京都へ、華の都へと乗り込んでいきます。それを政治の動きでいうと「足利政権の誕生」ということになります。

室町幕府が成立したとき、足利尊氏は、政権の本拠地を京都に置きました。頼朝の時代からあった、「華の都に行きたい」という武士のＤＮＡに刻まれた基本的な欲望が、ついに実現したことになります。尊氏にしてみれば、もはや武士は十分に朝廷勢力に対抗し、競うことができる。かつての平家のように、取り込まれてしまうことはない、と考えていたからこそ、京都に行ったのでしょう。

それに対して弟の足利直義（一三〇六―一三五二）は、まだ早い。「武士は武士、朝廷は朝廷」。幕府は朝廷と競う必要はないという立場だった。しかし直義は、尊氏との争いに敗れ、尊氏の政策が室町幕府の本流となる。その尊氏路線の延長上にいた三代足利義満（一三五八―一四〇八）の代になると「朝廷の権力を取り込んでしまえ」という流れになる。

そのいっぽうで、直義の「武士は武士、朝廷は朝廷。鎌倉で幕府を開こう」という路線を継承するグループもやはりいた。尊氏派の代表が細川氏。直義を受け継いだのが斯波《しば》氏や山名氏。この両グループは、最終的に「応仁の乱」（一四六七―一四七七）で戦うことになりますが、その争いの淵源は室町幕府の初期段階からすでにあった。「武士は京都に行くべきか、あくまで鎌倉にとどまるべきか」という尊氏・直義兄弟の争いの段階から、対立はすでにあったのです。

室町幕府の日本列島観

室町幕府は、日本列島をどのように見ていたか？　その日本観は「遠国のこと、上意の如くならずといえども之をさしおく」という言葉に現れています。「遠い国の多少のことは、将軍の思いのままにならなくても放っておく。放置。適当でいいです」。無責任な考えですが、それが基本でした。日本全国を均一に治めようという意志は、最初からなかったのです。足利尊氏の時代から、すでにそうした方針でした。

そして一三九二年になると室町幕府は、さらに思い切った処置を行った。一三九二年は「いざ国立てん李成桂」で、朝鮮半島で李氏朝鮮国が成立した年。朝鮮半島だけはなく東アジア全体に集中的にさまざまな変化が起きた時期です。南北朝の合一もこの年。幕府の京都への課税が実現した年でもあります。そうして財政基盤をしっかりと確立した幕府がなにをやったかというと、東北を切り離した。

それまで直轄領だった東北を切り離して、鎌倉公方の管理下に置いたのです。東北の統治を鎌倉公方に丸投げしてしまったわけです。

足利幕府は、実は全国政権ではありませんでした。関東の統治については鎌倉公方を置いて任せていた。その鎌倉公方に、東北も担当させてしまい、東をまるごと切り離してしまった。最盛期の足利義満の時代でさえそうなのですから、足利幕府はやはり西国政権なのです。

東北の統治と室町幕府

一三九二年より前、少なくとも「東北を治めなければならない」という意識を持っていたはずの直轄領時代でさえ、東北に対する幕府の支配はとにかくめちゃくちゃ。幕府は奥州総大将とか奥州探題とか奥州管領《かんれい》とか呼び名はさまざまですが、武士たちの上に立って、奥州を統治する人物を派遣するわけですね。足利一門でも家格が高い人を選んで派遣することはするのです。

たとえば細川などは、足利一門の中でも家格が低い。足利本家の血は継いでいるのですが、傍流の傍流です。だから鎌倉時代から、本家の家来扱いされてきた家でした。それに対して一門でも有力な、足利本家と親戚付き合いができるような名門もいるわけですが、そうした家から奥州管領を送り込んだ。

しかし格は高くとも、それだけで統治に成功するわけではない。結果としてうまく行かない場合はどうしたかというと、新しい統治者を送りこむ。となると本来は、前任者を京へ戻し、引き継ぎを行わなければならないはずですが、その交替がまったく行われずに、次から次へと人だけ送り込んだのです。そのために、ひどい時は、同時に四人も奥州管領がいた時期がありました。

ご丁寧に、それら管領がどのように仕事を分担し、棲み分けていたかという研究もあるのですが、あまりそこを深堀りしても意味がないと私は思います。室町幕府は東北に対して、根本的に、きちんと統治を行う姿勢がなかった。それが本質です。次々に担当者を送りこんで「誰かが成功すればいい」という、ギャンブルまがいの姿勢だったのです。

一軍の国と二軍の国が分けられていた

そしてもうひとつ、幕府の日本観が表れるのが「都と鄙《ひな》」の区分です。この場合の都とは京都のことではなく、都会。いわば一軍の地域。いっぽう鄙は田舎。二軍の地域です。都に分類されるのは近畿地方、中国地方、四国。鄙は残りの関東と東北、そしてなぜか九州です。「九州は古代から一軍の都会地域だったのではないか」と感じるところですが、隼人の反乱も起こったりしていますし、なかなか統治が難しい地域なのかもしれませんね。室町幕府においては二軍扱いです。

ただしやはり博多は別。福岡県の辺りは例外的に都に分類されます。博多は、堺に次ぐ二番目の交易地でした。

当時の政治については、守護大名が話し合って方針を決める合議制と言われます。しかし、日本全国の守護大名がみな京都に集まるのか、というとそれは違って、集まるのは一軍の近畿、中国、四国の守護大名。彼らが京都に常駐して、ああでもないこうでもないと合議に参加していた。いっぽう関東や東北、九州の守護大名には「あなたたちは田舎で適当にやっていてください」と言わんばかりに、上洛する義務はなかった。

「応仁の乱」について「日本をふたつに分けた戦いが行われた」というイメージがありますが、実はこれも参加して戦っているのは都の大名だけで、地方の大名は誰も参戦していないのです。

「応仁の乱」が終わると、京都の守護大名たちはもはや幕府に見切りをつけて自分の国に帰っていく。自分が不在の間、国元には国家老《くにがろう》として守護代《しゅごだい》を置いて、地元の武士を治めさせていたのですが、そこに長年、留守をした守護大名が帰ってきても、「あなたは誰?」状態。守護代がすっかり実権を握っていて、下剋上されてしまうことがしばしばありました。あるいは一足飛びに、守護代の下にいる一般の国人《こくじん》が、その国を代表する武士に成長していたケースもありました。

そのため、京都に常駐していた守護大名が、国へ帰って実権を取り戻したという事例は、ほとんどありません。むしろ地元密着型の人たちが下剋上をして実権を握ってしまった。そうして各地で国単位の権力が生まれ、やがて戦国大名へと成長していく。

だから都の守護大名の家が、後の戦国大名になったケースがほぼありません。いっぽう、京都に常駐していなかった鄙の守護大名では、甲斐の武田であったり、九州の大友、島津と、そのまま戦国大名に成長しているケースがしばしば見られます。

戦国大名は自分の責任でその国を支配する

戦国大名とは国単位で、あくまで「自分の責任」でその領地を支配する権力です。たとえば駿河の戦国大名、今川家では「今川仮名目録」という自国の法律を定め、その中では「駿河は今川家が誰の力も借りず穏やかに治めている国だ。だから駿河国のなかに今川家の手の入らない土地があってはならない」ということが書かれています。将軍であっても天皇であっても、そういう人たちの力は借りない。駿河は今川がその責任において治める土地だ、という宣言です。

かつての守護大名であれば、足利将軍の代理人。あくまで将軍あっての存在。だから過半数の守護大名は、足利一門から出ています。しかし戦国大名に中央の力は関係ない。こうした戦国大名のあり方について、永原慶二先生は「大名国家」と呼んでいます。すなわち、ひとつひとつの戦国大名が、それぞれ国家なのだと。この捉え方は、私は非常に正しいと思う。

室町から戦国時代にかけて日本各地において「国」がひとつのまとまりの単位、ひとつの集団となり、その結果、そこに住む人々の間でも国を単位にした帰属意識というものが生まれてきた。その国に住み暮らす庶民のレベルで、たとえば越後であれば「俺たちは越後人なんだ」という意識が成立してきた。

越前の戦国大名、朝倉敏景（一四二八―一四八一）が定めた「朝倉敏景一七ヶ条」では、「内政については他国の者は使うな」と言っています。利害を共有し、信用できるのはあくまで同国人。他の国は信用できない、という意識です。

また「国質《くにじち》」という慣行も存在しました。これは国を単位にした連帯責任の制度。国よりも小さい郷質《ごうじち》という制度もあって、これならばまだわかるのです。たとえばある郷の住人Aが悪事を働いてお金を持ち逃げしたときに、その郷の他の住民Bを人質として捕まえてしまう。そして郷に対し、善処が求められる。B個人は悪事と関係がなくとも、同じ郷に住む人間は、同じ集団の構成員として強制的に責任を分担させられるのです。

国質の場合は、それが国単位で行われる。ある国の人間が悪事を働いた際に、同じ国の人間を人質にしてしまう。「その国にすむ人間は、ひとつのまとまった仲間だ」という意識があるからこそ、機能する習慣です。

しばしば「義の人」と呼ばれる上杉謙信（一五三〇―一五七八）は、毎年、越後国の兵を率いて、上野国に戦いに出ていました。藤木久志先生はその理由として、「義の人」として上野国の紛争に介入していたわけではなく、「上野国の食糧を略奪するため」という説を出しておられます。

これは兵のほうにも地元ファースト、「まず俺たち越後人が飢えないことが最優先。上野国の住民が迷惑しても構うものか」という意識がないとできない行動ですし、謙信は謙信で「俺には越後の王として、まず越後の民を食わせなければならない」という、責任感があったのでしょう。もっとも「やはり謙信は、義の人として戦争をしていた」という意見もあって、藤木説はまだ定説にはなっていません。

異例中の異例の武将、織田信長

ここであらためて感じるのは「織田信長の異例さ」です。

織田信長（一五三四―一五八二）は、那古野城で生まれ、清洲城に移り、美濃国を攻めるために小牧城に行き、攻め取ったあとは岐阜城、そして安土城を本拠地にする。その次はどうやら、大坂に移ろうとしていたことがわかっている。この人は、そのときそのときの政治、戦略目的に従って、自分の居城を転々と移しているのですね。

機能的で合理的と言えるのですが、実は彼のような行動は戦国武将の中でも例外中の例外。誰もそんなことはしていないのです。

たとえば武田信玄（一五二一―一五七三）の場合、本国は甲斐。そこから信濃国を占領した後は、今の長野市あたりで一〇年にわたり、上杉謙信と「川中島の戦い」を戦うことになるわけです。そうすると海津城《かいづ》、今の松代城《まつしろ》が前線基地となります。海津城が上杉の軍勢を防いで時間を稼いでいる間に甲府からわざわざ軍を動かすのです。それならいっそ、諏訪辺りに本拠地を移転させたほうがいいのではないか。地理からしても、機能的に領国全体を治めることができるはずです。しかしそれは頑としてやらない。

信玄だけではありません。毛利元就（一四九七―一五七一）を無能という人はいないと思いますが、その元就は中国地方をすべて支配下に置いた後も、吉田郡山城という、今の広島市から車で一時間ほどかかる地域から本拠地を動かしていない。もし中国地方を機能的に治めるつもりがあれば、海に面する広島あたりに居城を移したほうがよかったはず。孫の輝元の代になって、ようやくそれが実現しています。

武田にとってはあくまで、甲斐が本国。毛利も、大切なのは中国地方全体ではなく、安芸国。今川も駿河から遠江、三河と、西に領土を拡大していますが、本拠地は駿河から移さない。あくまで駿河が本国という意識を感じます。戦国武将が守るべきものは「自分の国」だったのです。

ではなぜ武田信玄は、信濃国を攻め取り、返す刀で上野国の半分を攻め取るということをしたのでしょうか。なぜ毛利元就は中国地方を支配下に収め、今川義元（一五一九―一五六〇）は、西に向けて領土を広げたのでしょうか。やはり彼らは日本全体をひとつのまとまりと見て、「全国制覇」を狙っていたのか。しかしそうであれば織田信長のように本拠を次々と移動させていたことでしょう。

彼らが隣国に侵攻したのは、まず第一に安全保障のためだった。近現代の日本でも、敵対勢力と直接国境を接するのを防ぐために、朝鮮半島を支配下におき、その既得権を守るためにさらに満州をとった。そうして「満蒙が日本の生命線」などといって、日本本土を守る盾と見る発想がありました。

おそらく武田にしても今川にしても、あくまで本国の甲斐や駿河を守るために隣国を攻め取ったのであって、だから本拠地を移さない。もちろん侵攻するうちに、そのうまみに気がついて、侵略マシーンと化すことはあったでしょう。しかしおそらく新たに獲得した領地を、本国同様にきちんと治めようとする意識は薄かったと思われます。

だからこそ「天下布武」を掲げ、全国のすべてまとめて日本という国をつくろうとした織田信長は、異例中の異例の存在でした。「天下統一」という彼のコンセプト自体が大きなパラダイムシフトで、そこに信長という人の画期性、新しさがあった。

信長はどうやら、国という単位に拘泥《こうでい》していないのです。これが武田信玄であれば物理的にも精神的にも「信濃国完全制覇」にこだわり、朝廷から実体のまるでない信濃守をもらい、すでに死に体の幕府からも信濃守護に任ぜられるように運動した。「なんでそこまで?」と言いたくなるほど、すごくこだわりがあるのです。

信長の場合は、国という単位を重視しない。彼は「今の俺に必要なのはこの地域」という感じで、支配地域を広げていく。経済圏を見据えていた信長にとって重要なのは国ではなく、むしろ「道」。街道にそって動脈をつなげるように領地を広げていき、それにともなって一番機能的な場所に本拠を移していく。それが新しい。

そうした信長だけに、人材の起用も、ほかの戦国大名たちとは大きく異なっていました。先に述べたように朝倉敏景は「他国の人間は信用するな」と言っていた。それが当時の標準的な感覚で、上杉も武田も、基本的には、地元代々の家来を起用し、才能があっても他国の人間を抜擢《ばってき》することはほぼしない。

ところが信長はどこの馬の骨かわからない人間でも、才能さえあれば使った。羽柴秀吉(一五三七―一五九八)、明智光秀(一五二八―一五八二)、滝川一益《かずます》(一五二五―一五八六)のように出自の定かでない人間でも平気で起用し、しかも重臣にしています。この面においてもやはり信長は異例なのです。

初めて「日本を一つにする」と考えた織田信長

古代の日本はあくまで西側中心。関の東は辺境の地で、なにか動きがあると関を閉ざし、西は東をシャットアウトしていた。やがてその辺境の地で武士の政権が誕生するが、武士も力をつけた室町時代になると京都に拠点を移し、関東、東北の統治を切り離してしまった。そして乱を経て、日本各地に、土地それぞれの権力、戦国大名が成立していく。

そうした中ついに「日本を、一つの国にする」と考える人物が現れた。織田信長です。私はこの信長まで、「日本をまとめて、一つの権力で支配する」などと考えた人物は、ほぼいなかったのではないかと思います。

信長が新たなパラダイムを掲げ、それを豊臣秀吉が実現した。私は「日本は一つの国だ」とは、厳密には秀吉まで言えないのではないか、そして信長、秀吉が日本を一つにするまでは「俺は日本人だ」という意識は、日本列島に暮らす人の間に、成熟していなかったのではないかと考えています。

このことを以前、井上章一先生との対談で申し上げると、先生は「元寇では元側に寝返った者はいなかった。早くから日本人意識を芽生えさせていたのではないか」という意味のことを言われました。

そのときは「そう来たか！」と感じて反論できずに口ごもってしまったのですが、しかし今であれば「あのとき戦場に出たのは九州の武士たちであり、みな自分の土地を守るために戦っていた。だから裏切り者が出なかったのであって、日本人として祖国を守るという意識だったわけではなかったでしょう」と応えたことと思います。

また、もし「元に対して、日本国が祖国防衛戦争をしている」、という意識であれば、この時代に、元との貿易が成立するのかな？　と疑問に思うのです。国を背負う立場にはない商人であれば貿易もありえるかもしれませんが、この時期、北条本家の周辺にいる連中が貿易を行って、彼らが一番利益を上げているのです。

近年、新安というところに沈没した船「新安沈没船」が発見されて、どうやらこれが日元貿易の途中で沈んだ船らしい。調査するとたくさんの積荷が出てきて、盛んに貿易を行っていた様子がうかがわれます。

やはり当時、日本には「日本人」という強固な意識はなかった。各勢力それぞれに帰属意識があり、その一部分が元との間で戦争をしているという認識ではなかった。どうもそうした気がします。

日本統一を完成させた豊臣秀吉

現代であれば、北海道から沖縄まで、同じ行政サービスが受けられます。度量衡《どりようこう》もきちんと統一されていて、県ごとに単位が違うなんてことはない。しかし日本全国で度量衡が統一されたのは秀吉以降。それまでは京枡《きようます》などというものがあって、各地で一升《しよう》の量も異なっていました。

度量衡が統一されると、税金も統一されます。もちろん江戸時代になっても藩によって税金は違いますが、「違うこと」を比べるためには度量衡が定まっている必要があります。定まることで「相場」も可視化されるようになりました。

ただ秀吉は、日本統一事業を完成させたといっても、徳川家康を関東地方に置いていますね。小田原攻め当時の家康の石高を計算してみると、駿河一五万、遠江二五万石、三河三〇万石、信濃四〇万石、甲斐二〇万石、合計して約一三〇万石。それを秀吉は関東に移転させ、二五〇万石の大領を与えたわけですから、数字だけ見ると厚遇している。しかしやはり実質的には左遷人事でした。当時でもまだ関東は鄙、二軍の地という意識は、秀吉にもあったのです。

秀吉は、九州に侵攻した際には戦後処理を行うために、鹿児島まで自分で足を運んでいます。しかし小田原を陥落させた後、いわゆる奥羽仕置《しおき》を行ったときには、会津までしか行っていない。やはり秀吉の時代にもまだ、奥州は田舎という感覚があったのです。

秀吉亡き後、徳川家康が「関ヶ原の戦い」で勝利し、実権を掌握する。彼の「政権の地を江戸にする」という選択は、相当に、家康という人物の個性が関与していると感じます。やはり当時、政権をつくるのであれば畿内。京都、大坂、伏見あたりに置くのが常道。そうしていれば、後に明治になったときも、その首都はやはり畿内で、たとえば大坂だったことでしょう。

なぜ家康は田舎の関東を本拠地にしたのか？

ところが家康は常道に背を向けて、わざわざ不便な僻地を政権の地にした。秀吉によって送りこまれた関東に、そのまま居座っただけ、という見かたもできますが、やはり驚くほどに常識破りの選択です。もし政治権力を持ったのが家康以外の人間であれば、畿内に政権を置くのがふつうだったことでしょう。

家康の選択は、当時としてはありえないものだった。しかしどこまで狙っていたかはわかりませんが、江戸に政権をつくった結果、「東」が江戸時代を通してそれまでの遅れを取り戻すように発展していったことは間違いありません。

秀吉は外交、貿易という形で外に打って出ることで富を獲得していった。家康も御朱印船貿易をやっていますから、貿易の利益をぜんぶ捨てようとしていたわけではないですが、彼の場合は、内需拡大を重んじた。秀吉の朝鮮出兵の失敗をうけて、そうせざるを得なかった。そこで江戸に政権を置いて、今までは田舎だった関東と東北を開発する。「そうすることで日本はまだまだ豊かになる」と、家康は考えていたのかもしれません。

この政策は大成功で、江戸時代を通して陸奥国も出羽国でもずいぶんと米が穫《と》れるようになりました。陸奥は一五〇万石が三百万石に。出羽は三〇万石が一五〇万石へ。現代では米どころとして知られる新潟も、謙信の時代には三五万石ほど。四〇万石で一万人の兵力を持つと言われますから、そうすると謙信はだいたい八千人ほどの動員力だったことになります。

その越後が幕末になると百万石の取れ高になっていた。ほとんど三倍まで、生産力が上がったわけです。東がそこまで発展すれば、日本列島全体としてもずいぶんと豊かになっていたことでしょう。

ただそうは言っても、江戸幕府が滅びるときに、奥羽越列藩同盟が出現しますね。京都守護職を務めた会津が、朝敵のレッテルを貼られてしまった。それは可哀想だ。なんとか考え直してもらいたい、ということで東北の諸藩が同盟を結んだ。けれどそれは時流に遅れてしまった、不幸な考えではありました。

東北諸藩は、別に会津に恩義があるわけではなかった。まして徳川将軍家に恩義があるわけでもなかった。ただ、明治へと至る時代の流れに乗ることができず、西から来た軍勢と戦うことになってしまった。やはり変化は西から来て、東北に届くのは遅いのでしょうか。

その後も東北の人は苦労をして、昭和の戦後になってもまだ、中学を卒業しただけで働いていた。「金の卵」として列車に乗り、上野駅で降ろされてみんな工場に散っていったのです。さらにいままた、3・11の震災まで起こってしまった。

それを考えると西高東低という現象は、現代でもまだなお、ある気がしてならない。たとえば人口でも、九州の県庁所在地は、熊本が七〇万人だったりと全体に多い。しかし東北の場合は仙台ひとり勝ちで、伝統ある会津若松が一〇万人を切るのが時間の問題と言われている。

そうした事情を見ると、日本列島全体が均一に治められることは、まだ見ぬ一つの夢なのかもしれません。

第二章

歴史も一つ、ではない

——もしも、あのとき……

「もしも」を考えることの意味

戦後、皇国史観への反省から、唯物史観が支配的になりました。皇国史観は、天皇を中心とした歴史観で、そこには神話を含めた物語が堂々と存在していた。そうした皇国史観を否定して出てきた唯物史観は「科学としての歴史」。お化けとかお告げとか、怪力乱神は相手にせず、物語性を排除する。だから「歴史にもしもはない」というのがそのスタンスです。「もしも」の選択肢を選んだ架空の歴史は、もはや歴史ではない。「物語」であると。

しかし、そうやって物語性を切って捨ててしまってよいのだろうか、と私は近年、強く思うようになりました。

かつて日航機のハイジャック事件の際、当時の福田赳夫総理大臣が「人命は地球よりも重い」といって、超法規的措置として、連合赤軍メンバーらを釈放してしまったことがありました。地球よりも重いかどうかはともかく、人命というものはかくも尊重しなくてはならないもの。命が尽きてしまうと、その人にとってすべてが終わってしまうのですから。

そう考えるとたとえば、「もしも太平洋戦争において、すでに逆転の目はなくなっていた昭和一九年の段階で、当時の帝国陸軍、帝国海軍、議会、政治家の人たちが心を一つにして敗北を受け入れて降伏していれば、死なないで済む命があったのではないか」と考えることに意味はあるはずです。戦争が続いたせいで亡くなった人たちにとってみれば、まだ先の人生があったはずなのですから。

昭和二〇年になって原爆が落とされ、ようやく重い腰が上がって無条件降伏を受け入れることになりました。しかしそこまで粘ることなく、もし沖縄戦がなかったら？　あの土地でたくさんの人が死ぬこともなかった。そして原爆による尊い犠牲がないという歴史も当然ありえた。

実際に起こった出来事がもしなかったら？　あるいは実際になかったことが、起こっていたら？　知性的な話ができる人であれば、大きな時代の動きの中で、一つの事件がなくとも、けっきょくは同じような流れになった、最終的には同じような歴史をたどるのではないか、と話し合えるわけです。

もしもを考えることで見えてくるものがある。ある大きな事件なり出来事なりが、もし違った展開を迎えていれば、歴史はどう変わっていたのか、あるいはどう変わっていなかったのか？　そうしたバリエーションを考えることによって、興味深く日本史を受け取ることができるようになるのではないか。その意味で言えば、日本史は必ずしも一つではなかったと言えるかもしれません。違う分岐を選んだ、異なる日本史があってもいい。

もしもあの人が長生きしていれば？

おそらく誰しもが最初に考える「分岐」は、「歴史的に大きな働きをした人物で、特に若死にをしてしまった人が、長生きをしていたらどうなっていただろうか？」という「もしも」。これを戦いを例にとって考えてみましょう。

戦争で物をいうのはやはり数。軍事においては、非戦闘員を戦場に連れ出すことが重要でした。しかし昨日まで田畑で働いていた人が戦場に連れて来られても、ふつうは命を懸けてまで戦闘したくないわけです。だから「そうした人たちをいかに戦わせるか」というところが、指揮の要点になる。

たとえばなんとか一万人の軍隊を編成して戦場に連れてきたとして、その中で真剣に命を懸けて戦う戦士は、一〇分の一もいないだろう。そうすると残りの九千人をどうやって戦わせるのか？　そうしたとき、古い時代になればなるほど、豪傑が真っ先に敵陣に攻め込むことが重要になります。

赤兎馬《せきとば》に乗り、雄叫びをあげながら青龍刀をふり回したり、方天画戟《ほうてんがげき》をぶん回して、敵陣に攻め込む。そうしてやる気のあるところを見せると、その後ろ姿を見てまず職業的な軍人たちが後に続き、さらにそれを見た本来は非戦闘員の農民たちが走りだす。

それでもなかなか命のやりとりを積極的に行うことはできないものですが、ともかくもまず戦闘意欲の高い人たちの間で勝負がつく。勝負がついて豪傑や、それに続いた戦士が怪我をしたり戦死したりして戦場から退くと退却となり、総崩れになる。

その段階に至ると、人間というものの本能として、攻めるほうはみんなやる気になります。敵が崩れて、自分の身が危険にさらされないという状態になると、人は俄然やる気になって追撃戦に突入することになります。

戦死者は、この追撃戦の段階が一番多い。最初にせめぎ合っている段階では、なかなか人は死なないらしい。しかし勝負がついて片方が背中を見せて逃げ出すと、原始的な本能が覚醒して相手に襲いかかって殺してしまう。

こうした古い時代の戦場では、最初に突入する少数、もしかすると個人によって、戦局が左右されることになります。

時代が下ると、たとえば加藤清正（一五六二―一六一一）は豪傑だと言われますが、あの時代になればもはや彼が豪傑である必要はないのです。清正が片鎌槍を操って、敵を何十人、何百人と倒したところで、個人的な武勇は戦局に深甚な関係はない。それよりも、後方できちんと作戦を立て、状況を正確に把握し、兵站《へいたん》に配慮して兵隊たちの食糧を確保する。そうしたことのほうが、よほど戦局に与える影響が大きくなります。

新しい時代になって、システムが確立されてくると、個人がどうあれ、歴史はそれほど大きく変わらない。たとえば現代の軍隊であれば、ひとりの司令官が戦死しても、次に引き継がれる。大将が退いても、中将が出て、中将の次は少将が出るように、システムが定められています。こうした状況では、個人の存在が歴史の進行に影響を与える範囲も小さくなります。

逆にシステムが確立されていない、古い時代であればあるほど、あるいは戦国時のように動乱期であればあるほど、ひとりのカリスマが時勢の推移に非常に大きく関与してくる。ひとりの「英雄」の果たす役割が大きくなり、歴史の行方に影響を与えるわけです。

そうした時代であれば、歴史上の人物の寿命は、非常に大きな意味がある。たとえば動乱期におけるある個人が、若死にしたり、あるいは妙に長命だったことで、歴史が変わっていたかもしれない。

貴族はどうでしょう。

前近代の日本で、三大疾病とされたのは結核と脚気と糖尿病。糖尿病は生活習慣病ですから、これは対策が立てられる。当時は甘いものはあまりありませんが、酒を控えたり、暴飲暴食をしないことでリスクは下がる。しかし結核はどうにもならないですし、脚気も予防は難しい。そういうことがあって、貴族がまだ二〇代で亡くなることはよくありました。だから誰々が亡くなったことについて、貴族たちは驚くほど淡々としていて、日記を見ても「早かった」などといった感想はめったに漏らしていません。
しかし逆に、八〇歳くらいまで生きている人もいます。当時、貴族は七〇歳になると鳩の杖が帝から下賜《かし》された。現代で言えば百歳くらいまで生きた感覚でしょうか。そうした人も何人かいますから、長生きする人はする。長命な人がいるいっぽうで、若くして亡くなることも珍しくない。こうした状況では、政治的に意味がある人の寿命によって、大きく世の中が変わる可能性があります。

もしもあの事件が起こらなかったら?

歴史上の「事件」にも同じことが言えます。成熟した時代においては一つの事件の影響は、それほど大きくはない。ある事件があったか、なかったか。あった歴史もなかった歴史も、大きな目で見ると、同じような展開に収斂《しゅうれん》していく。しかし動乱期であれば、ある事件が歴史の進行を大きく変えてしまうのかもしれない。
たとえば「大塩平八郎の乱」（一八三七）を例にします。江戸時代後期に、陽明学を学んだ大坂町奉行所の与力、大塩平八郎（一七九三―一八三七）が貧しい人々のために一揆を起こした。この事件などは、もし江戸幕府システムがしっかり機能している時期であれば「常軌を逸したやつが出た」くらいで話は終わっていたことでしょう。

ところが、実際にこの乱が起きたのは江戸時代後期。当時は商人が利益を上げ、貧富の差が非常に拡大し、システムにもだいぶボロが出てきていた時期です。大塩平八郎は、貧しい者を救うために豊かな者から米を奪った。いくら貧しい者に配布するためといっても、暴力的に実行してはいけないのですが、そもそも治安を維持する側の人間が逆に乱を起こしてしまったものだから、当時、大きな意味があったわけです。

「桜田門外の変」（一八六〇）では、大老が暗殺されてしまった。江戸幕府システムがしっかりしている時期であれば、大老が暗殺されたとしても、事件のインパクトは「武士の恥だね」くらいで終わってしまい、体制を揺るがすようなことはなかったかもしれない。

もっとも、システムがしっかりしていれば、大老を暗殺しようとする者は出てこないかもしれませんが、井伊大老の暗殺は、あの時期において、とてつもなく衝撃的な出来事でした。まさにあの事件によって「その時、歴史は動いた」わけです。

「もしも」が物語を取り戻す

ただ「桜田門外の変」の場合、短いスパンで見るとその衝撃は大きかったですが、中長期的な視野で見ると、幕府はおそらくあの時点ですでに寿命は尽きていたのかもしれない。そこであらためてもう一度「桜田門外の変」を見直す。そうすると江戸幕府システムとはなんだったのか？　幕末の時代の社会の様相とは？　そして「桜田門外の変」の本質はどこにあったのか？「もしも」を考えることで、非常に多面的な視野が生まれてくることになります。

だから、これから私は「もしも」を考えることを積極的にやっていきたいと考えています。唯物史観は今まで「歴史にもしもはない」と言い切ってきました。あるものだけを見る。なかったものは見ない。それが科学的な見かたであると。

その唯物史観に引っ張られて、我々歴史研究者も「歴史にイフを考えるのは邪道である」と考え、そう主張もしてきたのですが、もしイフを考えていいとなると、歴史は物語性を取り戻し、もっとおもしろい分野になることができる。特に子どもたちにとっても興味深いものになるし、積極的に社会に発信していくことができるものになる。そう考えています。

日本史を変えた七つの「もしも」

とりあえずここに、私が専門にしている鎌倉、室町、戦国の時代から七つの「もしも」を持ってきました。

一つめは「源頼朝の生き死に」。源頼朝は一一八〇年に伊豆・韮山《にらやま》で挙兵し、緒戦では成功します。その後、いちばん信頼する三浦氏と合流するために、三浦半島に向かい東へと移動する。その途上、だいたい今の湯河原の辺りの石橋山というところで、大庭景親（？―一一八〇）という武士と戦いになります。大庭景親がリーダーとなった、平家に心を寄せる武士たちは三千。対する頼朝のもとにいたのは三百と言われています。この三千対三百という数字は、当時としてはなかなかリアルで、いい線をいっていると私は思う。それこそ「承久の乱」のときの「幕府軍一九万」などという誇大な数字に比べると非常に現実的な線です。

一〇分の一の頼朝勢は、鎧袖一触《がいしゅういっしょく》でやられてしまった。「頼朝はどこだ。首を切って清盛様からご褒美をもらおうじゃないか」。身を隠す頼朝を荒くれ者の武士たちが捜索した。そのとき頼朝が大木のうろに身を潜めていたとか、「いや木のうろには大人が身を隠す空間はない。洞穴かなにかではないか」など諸説ありますが、とにかく何人かの人間とともに隠れていたら、梶原景時がやって来て頼朝を見つけた。万事休すかと思ったら、梶原景時が頼朝に「お助けいたします」と耳打ちし「この辺は誰もいないぞ。もっと向こうを探せ」などと声を張り上げて立ち去り、頼朝は九死に一生を得た、という話があるわけです。

その後、頼朝は真鶴《まなづる》から船に乗り房総半島へと逃げて、そこから奇跡の大復活劇を遂げて、源氏の大将軍源頼朝となっていくわけですね。

ですが「もしも」梶原景時が賞金をもらうことを選び、「ここに頼朝がいるぞ！」と声を上げていたら、その後の展開はなかった。頼朝はここで殺されていたはずです。

実際に、頼朝と母が同じで、すぐ下の弟である希義は「平治の乱」（一一五九）の後、土佐国に流されていました。土佐国は第一章でもふれたように、西高東低の日本の中の西国。平家は西に勢力を扶植《ふしょく》していましたから、土佐も平家の勢力範囲です。全国の源氏が一斉に立ちあがるという時期に希義も動きますが、あっという間に平家方の武士に殺されてしまいました。その意味で言うと、もしも頼朝が西国に流されていたら、おそらく殺されていたでしょうし、伊豆国に流された頼朝が石橋山で命を落としていたとしても、まったくおかしくはないのです。

頼朝が初期の段階で殺されていたら、歴史はどうなっていたでしょうか？　私はそこまで大きな流れの変化はなかったと考えています。

「日本は西高東低」ということで、西国は生産性も高く経済活動も活発だった。貴族はその利益を吸収し、朝廷の政治は腐敗していた。これは間違いない。そして在地領主である武士たちは現地で非常に不満を抱え、それがたまっていた。これも間違いない。しかし西国の武士が立ち上がったかというと、西国は朝廷の影響力が強く、武士も関東の武士ほどには恨みを抱いていないだろうから、西で武士が立ち上がる事態はあまり考えられない。

武士が朝廷に対して異議の申し立てをするということになると、やはり東国がいちばん可能性があった。東北までいくと逆に、奥州藤原氏のように独自の勢力となってしまう。だから朝廷への不満が形になる場所としては関東平野がいちばんふさわしい。

そのときに旗頭となる頼朝が仮に死んでしまっていたとしても、たとえば千葉常胤（一一一八―一二〇一）は、源頼隆（一一五九―？）という源氏の御曹司《おんぞうし》を家で保護していました。頼朝ほどではなくとも、源氏の血に連なる一族は、各地に匿《かくま》われていたのです。また源氏のそれなりに格を持った人も隠れたり、活躍もしている。木曾義仲（一一五四―一一八四）が、その代表ですね。

だから頼朝ではなくとも、源氏の一族を武士が担いで立ち上がるということは十分にありえたし、立ち上がった源氏の血筋の誰かが、武士政権を築くこともありそうな話です。ど田舎ということで、当時の不利益が具体的、物理的に噴出している関東。その地の武士たちが旗頭となる人物を担いで自立し、政権を構築していく。この歴史の流れは、頼朝が石橋山で命を落としていたとしても、それほど変わらなかったのではないでしょうか。

この「もしも」の場合は、たとえ動乱期においても、ひとりの個人の生死が、それほど歴史に大きな影響を与えない事例だと言えます。

北条が政権奪取に失敗した可能性

二つめ。「もしも比企能員《ひきよしかず》が注意深くあったら」。これは北条政権が生まれなかったらどういうことなのかという「もしも」です。

鎌倉幕府の初期、カリスマであった源頼朝が亡くなり、息子の頼家が二代将軍になりました。そして、頼家はあっという間に御家人たちの信頼を失います。これを「頼家は無能だったために御家人の信頼を失った」と断定してしまったら、その人は「歴史的な観察眼がない」ということになるでしょう。なぜなら、当時は、誰が将軍になっても無理な状況だったのです。頼朝の代わりを務めることは、誰にだってできなかった。

頼朝の果たしていた大きな役割は「対朝廷の外交官」でした。彼は、朝廷という先行する大きな権力に、自分たちの存在を承認させて、何とか武士の政権を軟着陸させようとしていた。そして段階的に、この権利を、あの権利を、と朝廷に認めさせて、さまざまな権益を奪い取り、自分たちのものにするというデリケートな作業を行っていた。

そうした権利の多くはもともと朝廷が持っていたものでさえなかったのです。頼朝の繊細な意図に朝廷側が気がついていたかどうか。基本的に朝廷は、ど田舎の関東のことにぜんぜん興味はない。たとえば守護地頭の設置のように、頼朝が「こういう権利がほしい」と提案すると、朝廷としては、東国からきちんと税金が上がってくるのであればそれに越したことはないということで「はい、どうぞ」。そうして、要求される通りに権利を認めていたら、いつの間にか関東に強力な政権が生まれてしまっていた。

そのような折衝をこなし、「京都との外交官」という役割を積極的に果たしていたのが頼朝でした。その頼朝亡きあとに、彼と同じことができる人などいるわけがないのです。それに頼朝は京都で生まれ育ちましたが、頼家は鎌倉で育ち、肌感覚の京都を知らない。まして頼家は若いし、経験もない。けれど頼朝の血筋から後継者が出るのを否定することは当時、とてもできなかった。

そしてもうひとつ、関東の武士たちは本来、「頼朝の政権」をつくろうとしていたわけではなく、「自分たちの政権」をつくろうとしていたわけです。自分たちの政権をつくるためには、頼朝というリーダーを担いでおいたほうが安定するから、頼朝のもとに集結したにすぎない。

その頼朝が亡くなってしまい、次のリーダーが出たわけですが、実はすでに頼朝の段階で、関東における武士の政権の存在を朝廷に承認させることに成功していた。だから頼朝的なリーダーの役割は、ほぼ終わっていたのです。むしろ何かものを言うリーダーが出てきたら「邪魔だ。もう要らないよ」となる。言ってしまえば、自己を主張しない傀儡《かいらい》のリーダーがこの時期にはふさわしかった。だから頼家や、彼の弟の三代実朝のように、それなりにやる気があってものをいう将軍は、武士たちにとってむしろ邪魔な存在でした。

鎌倉幕府の後継者戦争

その頼家の母は北条氏の北条政子（一一五七—一二二五）です。しかし当時の偉い人は自分では子育てをせず乳母に任せます。頼家の乳母は比企氏で、彼は子どものころから、比企と密接に繋がって成長していきます。父の頼朝は北条氏を外戚《がいせき》としてそれなりに大切にしましたが、頼家にしてみればもはや「比企の家が実家だ」という感覚で、妻も比企氏から迎えた。

頼朝が亡くなった後、「鎌倉幕府の実権を誰が握るのか」という争いが起きる。この状況は、アレクサンドロス大王が亡くなった後、その子どもをそっちのけにして重臣たちが争ったディアドコイ戦争、後継者戦争と似ています。

鎌倉武士は欲望に忠実ですから、「俺がヘッドじゃ」とばかりに野望丸出しで争った。もっと後の時代になれば、本多正信（一五三八—一六一六）のような武士も出てきますけれど。

徳川家康の懐刀《ふところがたな》と言われた本多正信は、「お前は一生懸命働いてくれたから、もっと領地をやる」と言われても「鎌倉辺りの二万石でけっこうです」と言って辞退していました。

それは「発言力のある俺が、これで石高、領地までたくさんもらってしまったら反発を買って滅亡する」という賢い配慮があったため。実際に息子の代になって、そんな先を見る配慮なしに一五万石の領地をもらってしまったら、案の定、皆から嫉妬を受けて、将軍謀殺の疑いをかけられた「宇都宮釣天井事件」で失脚することになるわけです。

しかしそんな武士が出てくるのはもっと後の時代で、鎌倉の武士たちはみな「俺が俺が」で、欲望に忠実な武闘派集団なのです。北条氏のリーダー、北条時政（一一三八―一二一五）もまた上昇志向の非常に強い人で、自分が実権を握るためには、比企氏の当主、比企能員（?―一二〇三）を潰す必要があると考えていた。

北条の家のどこに強みがあるかというと、初代将軍源頼朝の妻、政子の実家であること。ところが比企氏もまた、二代頼家の妻を出しているのです。「将軍の外戚」という立場は北条も比企も同じ。だから、比企を潰さないと自分たちの時代は来ない。時政にとって、目の前の敵は比企でした。

そうしたとき、頼家が重病にかかり、危篤状態に陥った。北条にすればチャンスです。頼家が儚《はかな》くなれば、次の三代将軍は、頼家の弟の実朝が継ぐことになる。同じ失敗を二度繰り返さないのは北条の偉いところで、実朝のほうは北条に家で乳母をつけて、大切に育てています。実朝将軍ならば大歓迎、頼家が亡くなることを既定路線にして、この機会に比企を潰そうとしたらしい。

比企能員暗殺計画

『吾妻鏡』によると、頼家の病床に比企能員がやってきて、ふたりで北条氏を潰す密談をしていた。それを障子のところで政子が盗み聞き、父の時政に伝えたということになっています。

しかしこれはどう考えても怪しいですね。明日死ぬかもかもしれないという重病人が、密談などできるはずがない。だからその記述は嘘だろうと思われますが、北条にしてみれば、とにかくこのタイミングで比企を潰そうとしていた。

時政は「法事を行いますのでぜひいらっしゃってください」と、比企能員を招きます。比企氏にとって有力な後ろ盾である二代将軍頼家が生きるか死ぬかという時期に、北条から招かれた。その時点で「これは罠じゃないか？」と、警戒するべきだったと思います。ところが、比企能員はまんまとやってきた。

肥後国に小代《しょうだい》という家がありました。これは鎌倉の御家人が肥後に移り住んで、後に細川の家来になったという家。その家に「小代文書」という、それほど多くはない文書が伝えられているのですが、そこになんと、比企能員が北条の邸にやってくる様子が書かれている。それを読むと、彼は平礼烏帽子《ひれえぼし》をかぶってやってきたとあります。平礼烏帽子というと私たちの場合では、ジャージのような日常着です。スーツではなく、ジャケットを着ているわけでもない、ごくリラックスした格好です。そんな様子でお供の者も二、三人しか連れず、北条邸にのこのこやってきた。

北条氏にしてみるとしめたもので、比企能員が門に入ろうとしたとき、左と右から殺し屋がやってきて、殺してしまった。これは、いくらなんでも比企能員のほうが油断し過ぎだったのではないでしょうか。暴力団でも抗争中の相手に招かれたら「罠じゃないかのう」と警戒すると思うのですが。彼だって一応、命のやりとりに生きる武士なわけですから。

しかし油断した理由を考えてみると、ひとつは当時の北条氏の実力。それを分析してみると、実は当時の北条氏はまだ力が弱いのです。この家は、あくまで政子さんの実家として頼朝に尊重され、幕府の中で存在感を放っていたのであって、実際に武士の家としてみたときの勢力は大きくない。その根拠は兵の動員能力です。北条氏の動員能力は五〇人か、がんばって六〇人程度。しかし他の有力御家人ならばその六倍の三百人を動員できる勢力を持っていた。比企もまた、三百人レベルの家です。北条が正面から戦って勝つことのできる家ではなかった。だから謀略を行うしかないわけです。

北条時政が貫いた「いい人」のペルソナ

これは完全に私の推測なのですが、北条時政という人は頼朝の存命中、腰を低くして皆と仲良くつき合っていたのではないでしょうか。腹に一物あることをばらさず、ともかく皆にぺこぺこして、見事に仲良くやっていた。言ってみれば律儀者で有名だった徳川家康のように、ともかく信用を武器にするタイプだった。

だから比企能員にしてみれば、まさか北条さんが腹に一物あるなどとは思わず、「あの北条さんが呼んでくれるんだから、美味いものでも食わしてくれるんじゃないか」とにこにこと日常着でやってきた。腕っ節の強いボディガードも連れずに。

そうしたら北条が本性を露わにして彼を血祭りにあげてしまい、しかも、あらかじめ自分の数少ない戦力をいつでも突撃できるように準備しておいて、能員を殺すのと同時に比企邸に突撃をかける。比企の一族は「え、なに、どうしたの⁉」と狼狽《ろうばい》している間に、女子どもまで容赦なく、皆殺しされてしまった。頼家の奥さんだった若狭局《わかさのつぼね》も殺され、その息子、三代将軍になるはずの一幡丸《いちまんまる》も殺されてしまうことになりました。

「もしもこのとき、比企能員が北条時政の本性を見抜いていたら？」。見抜くところまで行かずとも、武士らしく常に警戒を怠らずにいたら？　たとえば鎧くらいは着て、腕っ節の強い家来を連れていれば戦闘になり、暗殺が成功しなかった可能性はある。「殺してください」と言わんばかりに無防備に出かけることはせず、北条が彼を葬り損ねていたら？　そうなると、歴史はどう展開していたか。初手で本性を見せて失敗した北条は、鎌倉幕府を牛耳《ぎゆうじ》る家には、なれなかったかもしれない。

すでに鎌倉の御家人たちは「一三人の合議制」という形で、頼家の無力化は行っていた。「もはや源氏の将軍は要らない、傀儡でいい」という路線は既定のものになっていました。その中で「では実権を持つのはどの家だ」ということで血みどろの修羅場が展開されたわけですが、北条氏が台頭し、時政、義時、その次の泰時、世直し伝説をもつ時頼と、有能で賢い名君が続いたからこそ、政局は安定していったわけです。それがもし、北条氏が幕府に中核にいなければ、実権を巡って血を血で洗う歴史が続いてしまったかもしれない。

鎌倉幕府初期段階の政治抗争は激しいものでした。アニメーション「トムとジェリー」では、馴れ合いのような戦いが繰り返されます。しかし本当の闘争というものは血なまぐさい。アニメでは知恵のあるジェリーが、猫に勝つ。でも猫のトムも実はジェリーを認め、手を抜いている。本気で戦えば猫のほうが強いわけです。北条氏が初期のころにみんなに好かれる努力をしなかったらたちまちつぶれ、あとはむき出しの暴力だけが繰り返されて、より多くの血が流れる。ろくな歴史になっていなかったかもしれない。

もっとも北条氏は汚い手でも平気で使うので、初動に失敗したとしても、最終的に勝ち残ったのは北条氏だったという流れも、ありそうな気もします。それに、最終的に勝利者になった人物は、北条氏でなくともそれなりに皆の信頼を勝ち得た人物だということになると、その家はそこそこ思慮深い家で、やはり抗争を収めていくのかもしれません。

具体的に、どのように安定が実現したかはわかりませんが、もし比企能員が注意深くあって北条氏がつまずいてしまっても、北条氏ではない鎌倉武士がリーダーになる、という意味で、それほど大きな歴史の変転はなかったかもしれません。

モンゴル来襲は防ぐことができた？

三つめの「もしも」は「もしも鎌倉幕府に教養があったら？」。これは日本史ではなく、東洋史のほうの研究者の知見なのですが、いわゆる「元寇」の前段階、モンゴルから送られてきた国書は、別に服属を求めてきたわけではなく、驚くほど丁寧なものだったそうです。だから、もしももう少し鎌倉の武士たちに教養があって、モンゴルの意図を理解することができていたら。少なくとも挨拶の使者くらいは送ったのではないかと思います。

当時の鎌倉の武士は腕っぷしは強い。しかし知力や教養は乏しかった。たとえば極楽寺重時（一一九八―一二六一）という、北条泰時（一一八三―一二四二）の弟にあたる武士がいました。泰時は御成敗式目を定めた執権。重時はその兄に非常に忠実な人で、泰時に頼まれて京都で六波羅探題を務め、泰時没後は、兄の孫の北条時頼（一二二七―一二六三）を補佐するために京都から帰ってきた。重時は時頼をしっかり補佐し、やがて重時の娘と時頼が結婚して時宗が生まれた。後にモンゴルと戦うことになる北条時宗（一二五一―一二八四）です。時宗からすると、重時は祖父ということになります。

彼は、兄の泰時とともに、政治行為の重要性を知らしめ、鎌倉幕府に「統治」という概念を植えつけました。この極楽寺重時が鎌倉時代のキーパーソンだったと私は考えています。

その重時が、子どもたちにあてて書いた遺訓が残っています。そのなかの一つには「どんなに腹が立っても人を殺してはいけない」とある。どんな教えだ。重時ほど優秀な人にして、このレベル……。しかも言われている子どもたちが、箸にも棒にもかからない出来だったのであれば、まだ仕方がないですが、その子どもとは、北条時頼から認められ、初めて北条本家以外から執権になった北条長時（一二三〇―一二六四）なのです。

重時ですら、やがて執権となる息子に「腹が立ったからといって人を殺すな」と教えなければならないレベル。それが当時の武士の教養の現実でした。

それでも北条家は鎌倉武士の中でも非常の賢い家だったのですが、モンゴルの国書を読みこなすだけの力はない。それに、モンゴルが非常に低姿勢であるというのは、現代の東洋史研究者だからこそわかることであって、リアルタイムの彼らが理解するのは難しいことだったのかもしれません。

ただ使者が何人も来ているわけですから、きちんと話を聞いてみればよかった。しかし、そこが駄目なところなのですね。少し教養があれば、ともかくもフビライに使いを送って、挨拶をする。そうしたら「お前の所はど田舎だと聞いているけれども、遠い所はるばるよくやって来た。朕《ちん》は満足である」ということで、たぶん鷹揚《おうよう》にご褒美をいっぱい持たせて帰してくれたと思います。

モンゴルが日本を攻める意味はない

モンゴルにしてみれば、わざわざコストパフォーマンスのよくない日本攻めなどやる意味がないのです。これは何度も言ってきたことですが、趙良弼《ちょうりょうひつ》（一二二七―一二八六）という使者の一人が一年ほど日本に滞在し、日本の様子をよく観察した。そして元に帰ってフビライに報告しているのですが、その内容は「あの国は人は荒くれ者ばかりで、土地は痩せて耕作には不向きです。あんな所に兵を送っても割りに合いませんので、出兵は不可です」というものだったのです。

だからフビライをわざわざ激怒させない限り、おそらく攻めてくることはなかった。たまに「モンゴルは日本征服の闘志を、めらめらと燃やしていた」というようなことを語る人がいますが、それは全然違ったと思います。金のロレックスを持っている人が、今さら一万円くらいのデジタル時計を欲しがるでしょうか。欲しい場合もあるのでしょうか。ふつうは、要らないと思うのですが。

けっきょく北条氏は、モンゴルの使者を無視しました。「かかって来るなら来い」という姿勢に他なりません。しかもこの辺りが北条氏のどうしようもないところで、モンゴルと日本が戦争になるという状況がまったく読めていないのか、それとも当時の戦争とはそうしたものだったのか、元との交易はしれっと行っているのです。しかもそれで、北条本家に近い人間が利益を上げていた。

中国の朝貢貿易というものは、誰とでもするというものではなくて、その土地の王様しか相手にしない。その場合、小国であっても相手が王様であれば問題ない。たとえば琉球、今の沖縄県には統一以前に三人の王様がいましたが、元の後の明と、それぞれ交易ルートを持っていました。ただしこのとき、中華の皇帝から「おまえを○△国王に任ずる」という、いわゆる「冊封《さくほう》関係」を結ぶ必要があります。王は皇帝の臣になるのです。

日元貿易の可能性

もし当時の北条氏に教養があって「元は立派な国だ。使いを派遣しよう」と考えて実行していれば、皇帝フビライは「よし、お前を日本の王様として認めてやろう。これからもちゃんと挨拶に来るんだぞ」と、北条氏を日本の王として承認した可能性が高い。

その上で北条氏が船を派遣すれば、こちらの届けた品に対して、だいたい一〇倍と言われるお土産をお返しで持たせてくれた。大儲けですから、ますます船をやりとりするわけで、そうすると日元貿易はどんどん盛んになる。となると、貨幣経済がどんどん進んでいたことと思います。

ただし気をつけるべきことがあります。貨幣経済が進むと、一般的な武士は貨幣経済の流入についていけなくなる。現代で言えば、「エクセルを使いこなせない人」のように世の流れに取り残されていくことになります。そうした武士が増えると、鎌倉幕府は滅びる。だから、もし北条氏にもっと教養があれば、鎌倉幕府倒壊が、より早まった可能性がありますね。

日本と朝鮮の歴史が分岐した時期

それともうひとつ、これは違う話ですが、実は日本と韓国――当時は高麗《こうらい》ですが、このふたつの国の歴史は、ここまですごく似た展開をたどっていたのです。

日本の場合は、平清盛という武士が現れて朝廷の実権を握った。その後の源頼朝は、朝廷の実権を握ったと言えるかどうかはわかりませんが、日本全体からすると、非常に重要なポジションにいた。

いっぽう高麗の場合も、この時期にやはり武人政権が生まれているのです。朝鮮という国では、文が上で武が下。だから武人の政権は基本的にあり得なかった。しかし当時、武人が自分の土地――日本で言えば荘園のような――を基礎にし、軍隊の力で朝廷の中で発言力を高め、そして実権を握るということをやっている。崔忠献《さいちゅうけん》（一一四九―一二一九）という武人が代表的な人物ですけど、この人は日本でいえばまさに平清盛にあたります。その後、崔氏が世襲的に実権を握りますが、これはまさに鎌倉幕府です。この時期、ふたつの国が似た歴史をたどっていたのですね。

しかしその流れがどこで分岐したかというと、モンゴルです。地続きの高麗に対しては、モンゴルは非常に高圧的だった。高麗の王室は、元に完全に取り込まれてしまいます。これは源実朝を懐柔《かいじゅう》して鎌倉幕府を支配しようとした後鳥羽上皇と同じ政策ですね。モンゴルの皇帝も、高麗の王様をそれなりに厚遇して抱き込んでしまい、そうして高麗を支配しようとした。しかしそこで、武人政権は徹底的にモンゴルに対立する。この流れもまた、実朝をみずから殺してしまった鎌倉幕府と似ています。

　当時、高麗には三別抄《さんべつしょう》と言って、三つの独立した軍隊があった。別抄とは軍隊の意味で、もともとは、左の別抄と、右の別抄。そしてモンゴルから脱走してきた兵「神義」からなる三つの軍が、武人政権のもと別個に独立した動きを見せていた。しかしそれらが力を合わせて三別抄を名乗るようになり、モンゴルとの戦いを繰り広げる。そのとき、三別抄から日本に対して「一緒に戦おう」という連携の手紙が来ています。

　しかしけっきょく三別抄はモンゴル軍に負けて解体されてしまう。結果、武人政権自体が完全に解体されることになります。モンゴルは、地続きの高麗の武人政権は認めませんでした。

　一方、海をはさんだ日本の武人政権は、北条氏のもとで生き残った。このあたりから日本と韓国の歴史は分岐し、それぞれ違う流れをたどっていくことになりました。

　もしも仮にモンゴル帝国が成立していなかったら。日本と朝鮮の歴史は似た展開を続けていたかもしれません。しかし地続きであることと、島国であることの違いが流れを変えた。このことは、地政学的な条件がどのように歴史に影響をおよぼすか。その大きさを、教えてくれていると思います。

皇統を二つに分割したのは誰か？

次に四つめ、「もしも後二条天皇が早逝しなかったら」。鎌倉時代後期の皇室には、大覚寺統と持明院統という二つの皇統があり、お互いがライバルとして、それぞれ互いに天皇を出す形になっていました。これはなかなか皆、賛成してくれないのですが、こうした状況に導いたのは、幕府の思惑だったと私は考えています。

二つの皇統が安定して存在し、それぞれが天皇を出す。ふつうは、こうした状況が実現することはありません。二人の皇子がいて天皇位を争うことはある。しかしその結果、勝敗が決すると、勝者は敗者を完全に排除して、勝利者の子孫が次の天皇になるのが自然でしょう。

たとえば王様の弟と子が、次の王様の座をめぐって争うことがある。「壬申の乱」（六七二）がそのケースです。また平城天皇（七七四―八二四）と嵯峨天皇（七八六―八四二）が争った「藤原薬子の変」（八一〇）のように、兄と弟が争うこともあります。どちらも勝ったほうがすべてを握り、負けたほうはすべてを失っています。崇徳上皇（一一一九―一一六四）と後白河天皇が争った「保元の乱」（一一五六）も、敗れた崇徳上皇は讃岐に流されてしまいました。こうした争いは世界のどこにでも普遍的に起こります。

しかし「二つの皇統が並び立つ」という状況はなかなか見られない。そうした状況は第三の勢力があって、二つの皇統の分裂をそれで良し、としているからこそ成立する。その第三の勢力はなにかというと、幕府でしょう。

皇統を二つに分けてしまうメリットはなにか？　それは徳川幕府が本願寺を東と西とに分けてしまったのと同じです。巨大な力を持っている勢力を二つに割ってしまえば、力をそぐことができる。二つの勢力が互いに争うようになれば、まとまって大きな力を発揮することができなくなります。

「分割し、統治せよ」。こうした考え方は古くから知恵としてありますね。だから当時の大覚寺統と持明院統の分裂もまた、幕府の政策だった。あまり皆、賛成してくれないのですが、私はこの見立てで間違いないと考えています。

そうした状況で天皇になった後二条天皇（一二八五―一三〇八）ですが、この人は大覚寺統。あまり聞いたことのない人だと思いますが、後醍醐天皇（一二八八―一三三九）のお兄さんで、後宇多天皇（一二六七―一三二四）の息子です。この後宇多天皇は名君でした。

もともと、この二つの皇統が並び立っいた時期の天皇は、名君ぞろいなのです。お互いが「うちは負けないぞ」と意識して、しのぎを削っていましたから、皆、勉強家で、当時の日本人としては抜群の知能水準をもっていた。そのなかでも後宇多天皇というのは優れた人でした。

後宇多上皇の優れた政治

当時、天皇家の人たちが目標としていた政策が二つありました。一つは有能な貴族を起用し、組織して前向きに政治に取り組むこと。もう一つは、幕府と良好な関係を築き、無理難題を言ってこないようにうまく関係性を保つ。このふたつです。

当時、本当に実権を握り、いわゆる「治天の君」となるのは上皇になってから。そこで数値を取って、朝廷の命令書と上皇個人の命令書の比率を調べてみると、最初は朝廷の命令書のほうが多い。しかしどんどん上皇の命令書が増えていきます。上皇を中心に、有能な貴族を組織した政治。それがいきなり成立したわけではなく、徐々に形になり受け入れられていったことがわかります。

そしてさらに、上皇の命令書の中身の数値も取りました。上皇の命令書は上皇が書くのではなく、上皇の手足となって働く、有能な貴族が上皇を助けて作成します。

その有能な貴族は、どこのポジションにいるかというと、蔵人《くろうど》と、弁官。蔵人は律令には規定がなく、天皇の側近として設定されました。弁官はもともと朝廷の中にあった官職で、現代でいえば社長室づきのブレーンといったポジションでしょうか。彼らが上皇の意図を形にし、文書を作成して命令書として出す。

安倍政権時代に、官邸の機能強化を目指して、やる気のある政治家や官僚、そしてご意見番みたいな学者を連れてきて官邸組織をつくりました。そうして、いちいち閣議や議会を通さずに官邸から政策を打ち出していった。当時の上皇たちがつくっていった機構も、この「官邸システム」に似ています。

ただ上皇が、自分の政策スタッフを持とうとしても、蔵人・弁官ポジションに起用する貴族は、これは伝統が支配して、起用できる家がどうしても決まっている。具体的にいうと、中級の実務に携わる貴族で、上皇は彼らを政務においても用いたのです。そうすると中には無能な人材もいるわけです。これは困る。そこで上皇はどうしたかというと、自分の側近中の側近たるべきスタッフとして、「伝奏」という役割を置いた。

蔵人や弁官を経た貴族たちは、昇進して参議になり閣議入りを果たし、だいたい中納言で「おつかれさま。ご苦労さん」ということで職を退く形になります。そこで上皇が「彼は本当に俺の意思をよくわかってくれる」という人物を伝奏にヘッドハンティングする。その人物が、上皇の手足となって働くスタッフのリーダーとなります。

私が数値を取ったのは、上皇の命令書の中でも、伝奏がつくったものと蔵人・弁官がつくったものの比率。調べると初期は伝奏の命令書は少ない。しかしだんだん時間が経つと伝奏の占める割合がぐんぐん上がっていくのです。それが最高潮に大きくなるのが後宇多上皇の時代でした。上皇は、自分が起用したスタッフを手足として使い、政務に取り組んでいた。上皇専制とまでは言えないまでも、上皇が積極的に政治を行っていたのです。

そうした後宇多上皇だけに、幕府とうまくつき合うという政策にも、うまく対応していました。当時の上皇たちが課題としていた二つの政策を、もっとも高いレベルで実践していた人なのです。

後醍醐天皇の登場

後二条天皇は、その後宇多上皇の、かわいい息子でした。それでかわいくないほうの息子が後醍醐天皇です。なぜ後醍醐天皇がかわいくなかったかというと、それは母親に問題がありました。

後醍醐天皇の母は藤原忠子（一二六八－一三一九）。後に院号を得て談天門院忠子となる人なのですが、この人は五辻《いつつじ》というあまり家格の高くない家の出身。そのためか上昇志向の非常に強い人で、後宇多上皇との間に後醍醐天皇を産んだのはよかったのですが「私が産んだ後醍醐ちゃんを、後宇多上皇はあまりかわいがってくれない」と感じた。それでどうしたかというと、後宇多上皇より発言力が強い人に助けてもらおうとした。

その発言力が強い人とは、後宇多上皇の父親。当時の大覚寺統のボス、亀山上皇です。大覚寺統は、ゲスいというか、こういうところがあるのです。親子でひとりの女性を愛する、共有する。後宇多と亀山だけではなく、歴代の方がそういうことをして平気なのです。忠子も躊躇なく亀山上皇のもとに飛び込み「お父様、私の息子の後醍醐ちゃんを皇位につけるように、後宇多に言ってください」と言って、男女の仲になった。亀山にしてみたら、次世代の大覚寺統のリーダーは誰でもいいのですが、どうせなら愛した女性の子がいい。ということで後宇多に「おまえ、後醍醐をかわいがらないそうだが、彼を次の天皇にしなさい」と言うわけです。

当然、後宇多にしてみれば、面白くないわけです。しかし自分がかわいがり、次の天皇にした後二条がまだ若い二〇代で亡くなってしまった。その後二条の子を次の天皇したくとも、まだ幼い。しようがないから中継ぎとして、後醍醐を天皇に据えざるを得なくなった。

天皇になった後醍醐は、その直後に「お母さん体をはって僕を天皇にしてくれてありがとう」とばかりに母に院号を送っています。それで談天門院忠子となったわけですが、院号は当時の女の人にとって最高の名誉ですから、孝行息子ではありますね。

ただ後醍醐天皇は、自身の政策として、いきなり「幕府を倒す」と掲げちゃった。なぜそんな政策を打ち出したかというと、目的は皇位継承ルールの破壊。後醍醐天皇は「あくまで後二条天皇の子が即位できる年齢になるまでの中継ぎ」ということが、既定路線の天皇だったわけです。自分の子が天皇になるのであれば、自分は退位して上皇となり、強権をふるうことができる。しかし兄の子が天皇になるのであれば、実権は握れない。政治的にはもはやただの人になってしまうのです。

その既定路線を壊すためには、現状の政治システムそのものを、まるごと壊してしまう必要がありました。そのために「幕府と朝廷の良好な関係を維持する」という政策の破棄を掲げたわけです。

だから、政策の破棄といっても、その根っこにあるのは私利私欲。いきなりそんなことを言い出したものだから、当時としては狂気の沙汰です。先の見える有能な貴族ほど距離を置き、逃げるようになる。「有能な貴族を起用して政治を行う」という政策のほうもまた、破綻《はたん》してしまうことになりました。けっきょく、後醍醐天皇のまわりに残ったのは、ろくでもない人材だけになってしまい、それが建武政権に繋がっていくことになります。

鎌倉幕府が存続した可能性

もしも後二条天皇が長生きしてたら、後醍醐天皇の登板はなかった。そうすると、おそらく朝廷と幕府の良好な関係は続いていたことでしょう。

ただ鎌倉幕府が滅びた理由としては、後醍醐天皇の登場は、一つのきっかけにしか過ぎなかった。東国の幕府はそもそもが、貨幣経済に乗ることのできない人たちの政権で、美味しいところは北条氏がぜんぶ持っていってしまっていた。残りの武士たちにしてみれば「えっ、おこぼれにあずかるだけ？」という状況で、不満は高まる。北条氏自身、かつて比企を潰し、畠山を潰し、三浦を潰し、専制体制を築いていきましたが、今度は武士たちの間で「北条を潰そう」という流れが出てきた。

だからこそ足利尊氏が「俺は後醍醐天皇に従って幕府を倒す」と言うと、あっという間に、一ヶ月で幕府は倒れてしまったのです。

後醍醐天皇が倒幕を掲げても、何年も幕府は倒れなかった。ところが足利尊氏が離反すると、途端に幕府は潰れた。ということは、後醍醐天皇が現れなくとも、足利尊氏が北条氏を倒し、彼を首班とする形で鎌倉幕府がリニューアルオープンする展開があったのかもしれない。そうすると京都の朝廷と鎌倉の幕府の併存する歴史が、もしかしたらその後も続いていたかもしれません。

実際の室町時代には、幕府と朝廷が合併したような形で京都の室町王権が生まれた。しかしもし後二条天皇が長命であったら、せめて四〇歳までご健在であれば、朝廷と幕府の良好な関係は続き、鎌倉幕府のほうでは北条氏に代わって足利将軍が誕生していたかもしれない。そうすると、足利鎌倉幕府は、わざわざ朝廷を倒すとか、力を削《そ》ごうとは考えなかったでしょうから「西の朝廷、東の幕府」の体制がそのまま続いていた可能性がある。

そしてやがて、地域に根ざし、一つ一つの国に基盤をもつ戦国大名が勃興してくると、朝廷や幕府はどんどん勢力を失っていき「やがて各地の王である戦国大名の中から織田信長のような人が現れて、天下統一へ向かう」という歴史となったかもしれません。まあ、ここでどの道、武士による統一政権が誕生するのでしょうが。

後醍醐天皇の蹉跌の理由は？

五つめ、「もしも足利尊氏が建武政権に謀反を起こさなかったら」。足利尊氏は「個人的には後醍醐天皇のことが好きだった」とよく言われます。だから尊氏が個人的な感情を優先して、「もしも建武政権から離反しなかったら？」という可能性は考えてもいいのかなと思います。

ただ、実はその問いの答えはすでに明快です。後醍醐天皇の建武政権は、その根本的な性質として「武士の力」を決して認めない。だからそのために、後醍醐天皇を支えた貴族の中でも、武士の力を認めていた北畠親房（一二九三―一三五四）は、建武政権の成立後、左遷され東北に飛ばされてしまっています。

また、その北畠親房が期待をかけて、東北の兵を送り込んでいた先が、後醍醐天皇の息子の護良《もりよし》親王（一三〇八―一三三五）でした。護良親王は、武家の政権を積極に認める立場で、むしろ自分が将軍になって武士たちをまとめようという人だった。ところが後醍醐天皇は、この護良親王を遠ざけます。護良親王は配下の武士たちも奪われてしまい、彼に従うのは東北から送られてくる兵だけ。その数少ない兵力を使ってできることは、足利尊氏をテロで殺すことだけ、となって、テロリズムに走った。しかしそれが失敗して捕まってしまいます。捕まった護良親王は「今は足利尊氏よりも父が憎い」と言ったと伝えられますが、鎌倉に流され、やがて殺されます。

実の息子でも遠ざけてしまう。後醍醐天皇にとって、武士の力を認めるか否かは、それほど大きな政治問題でした。

しかし武士たちは、すでに自分たちの政権、鎌倉幕府を経験しているわけです。彼らは当然、「俺たちの政権を認めないなんてありえないぞ」と感じるわけです。その結果、自分たちの声を聞いてくれる人として足利尊氏に期待を寄せ、武士たちの利益の代表者として尊氏が立ち上がることになるわけです。

ではもしも、後醍醐天皇と馬が合う尊氏が、謀反を起こさなかったらどうなっていたか。

これはもう明らかで、当然誰か別の武士が立ち上がったことでしょう。その場合は、反乱の火の手はやはり関東から上がったことだろうと思います。たとえば足利と同じく源氏の名門の小笠原や武田、佐竹などの家が「うちも将軍になることができる。足利が立たないなら俺が立つ」と立ち上がる。そうしていたら小笠原幕府、武田幕府、佐竹幕府が成立していた可能性があります。新田幕府もあり得ますね。もう一つ、北条時行（？―一三五三、高時の子）が一度は鎌倉を奪取していますから、北条氏復権もあるかも。

つまり武士の力を認めない建武政権の崩壊は、もうどうにも止めようがなかった。仮に尊氏が離反しなくても誰かが立ち上がって、幕府の存在を認めず、行き過ぎた中央集権を進める建武政権を否定したことでしょう。

そう考えると後醍醐天皇の歴史上の役割は、むしろこの人が現れたことで、急激に朝廷勢力は衰退していくことになった、というところにあるのでしょう。

足利義満は天皇になろうとしていた？

六つめ、「もしも足利義満がもう少し長く生きていたら」。これは有名な説ですが、今谷明先生が「義満は天皇になろうとしていた。彼がもう少し生きていたら天皇になっていただろう」という説を提示されています。ただし現在では皆、「そんなことないんじゃないか」と考えています。だからこの問いの答えは「もう少し長生きしても、歴史はそれほど変わらない」ということになると思います。

そもそも、今谷先生がおっしゃるように、義満は天皇になろうとしていたのでしょうか。私はそれは違うと考えています。

室町政権にとって、天皇とはどういう存在だったのか。足利尊氏の右腕を務めた高師直《こうのもろなお》（？―一三五二）は、「天皇は、木でつくるか金で鋳《い》るかすればいい」と、ずいぶん思いきったことを言っています。でも彼は天皇という軽く見ているようですが、逆に言えば、たとえ名目的であっても必要だと言っていることに注目するわけです。

たとえ名目であっても、自分たちより高次の存在が必要。その意味では鎌倉の将軍も同じ存在でした。将軍が、あまり大きな発言権を持つことは望ましくない。要するに、お神輿であってくれればいい。しかし必要なことは必要なのです。

足利義満にとっても、おそらく天皇は必要だった。ただ、強力な力を持つ天皇は、必要ではなかった。義満は一三九二年に南北朝を一つに統合します。それまでは南北二つの朝廷の分裂状態が続いていたわけですが、なぜその状態が放置されていたのでしょうか。南北朝の戦いは最初の五年間ほどで南朝側が兵力を失ってしまってしまい、戦争を継続しようにもその手段がなくなっていた。しかしそれでもずっと南朝は生き延びている。それは鎌倉時代の後期に、大覚寺統と持明院統のふたつに皇統が分裂していたのと同じ事情ではないでしょうか。

足利幕府は、まだまだ天皇の力を評価していた。だからその力を削ぐために、南北の分裂状態をむしろよしとした。南朝が生き延びたのは、彼らが頑張っていたからではなく、足利幕府が、皇室が一本化することを恐れ、その力が復活することを警戒したためではないか。それで二つに分かれたままにし、お互いを相対化させてしまう。そういう手を使ったのではないかと私は考えています。

しかし義満は、南北朝をひとつにした。つまりこの時点でもはや、彼にとって朝廷は恐れるべき存在ではなくなっていた。

朝廷を掌握するために義満は、まず家庭教師について、貴族としての振る舞いを完全に身につけた。そして朝廷の儀式を監督できるように学んでいます。

義満は子どものころから貴族として徐々に偉くなり、武家ではじめての左大臣になり、そのあと太政大臣に昇ります。平清盛も太政大臣になっていますが、彼は内大臣から一気に太政大臣に昇っています。当時の貴族にとって、基本的に、早く偉くなるのは名誉なこと。ただし大臣だけは別で、内大臣から右大臣、左大臣から太政大臣と、ひとつずつ段階を上がっていくほうが格が高い。清盛のように間を飛ばして一気に太政大臣になってしまうのは、格がやや落ちるのです。

なぜ清盛が途中を飛ばしたかというと、問題は左大臣です。左大臣は、朝廷の儀式を監督しなければならない。しかし武士出身の清盛にはそれは無理なので、飛ばして太政大臣になるしかなかった。ほかにも村上源氏の土御門《つちみかど》家のように、途中を飛ばして太政大臣になる家はありましたが、やはりそれは一段下です。

しかし足利義満は、完璧に貴族としての教養を身につけ、左大臣を経て太政大臣にまでのぼり、朝廷を完全に掌握した。貴族たちはみな義満の家礼（家来）となり、義満は彼らを従えて上皇のようにふるまったのでした。そうした彼に、今さら天皇になる意図はなかった。違う言い方をすると、もはや天皇になる必要はなかったと思います。だからもう少し彼が生きたとしても、世の中は変わらなかった、というのが正解ではないでしょうか。

豊臣政権存続の可能性を探る

最後は「戦国時代のもしも」。戦国時代のイフとしてよく言われるのは「もしも秀吉が長生きしていたらどうなっていたか？」。

秀吉は六三歳で亡くなりました。当時としては寿命に不足はありません。当時の武士たちは、戦いで命を落とす場合もありますし、病気でも死ぬ。たとえば蒲生氏郷《がもううじさと》（一五五六―一五九五）は四〇歳で亡くなっています。どんなに有能な武将でも寿命にはかなわない。

それを考えると秀吉も決して早く亡くなったわけではないのですが、なにしろ徳川家康が七六歳まで生きています。現代の感覚で言えば、百歳まで生きたくらいの感じでしょうか。では秀吉も、もしもせめて七〇歳くらいまで生きていれば、歴史はどう変わったことでしょうか。一番困るのは、まず朝鮮の人たちですね。泥沼の朝鮮出兵がより長く続くことになってしまう。

そして国内についてですが、長生きした秀吉は、徳川家康を潰したかもしれない。「後の歴史を知っているからそう思うんだ」と言われたら仕方がないのですが、私は、秀吉が家康を潰しておかなかった理由が、どうにもわからないのです。

秀吉にしてみれば、家康のことは「あの男は算盤《そろばん》勘定が弱いな」と見ていたに違いない。でも、それにしても家康の領地は二五〇万石を越えていたとなると六万人くらいの軍を集められる。いっぽう秀吉の直轄地は二百万石なのです。土地で言えば地力は家康のほうが上です。それはいくらなんでも与え過ぎで、バランスが悪いだろうと思うのですが、秀吉にしてみれば、「俺は経済を握っているから大丈夫」ということだったらしい。しかし金山銀山や港、商業地を握っているからといって、その計算のとおりうまく行くのでしょうか。家康に広大な領地を与えて、地力をつけることを許容して、その結果、自分の息子が家康に滅ぼされることを予測しなかったのでしょうか。

たとえば養子にして、一時は後継者にも擬した豊臣秀次（一五六八―一五九五）については「将来、俺の息子に害をなすんじゃないか」ということで、切腹させてしまった。しかもその妻や家族まで皆殺しにしてしまっています。であれば、徳川家も滅ぼしていてもおかしくはない。

なぜ家康を生かしておいたのでしょうか。かんたんに答えを出すのであれば「家康を生かすリスクを計算できないほど、秀吉は耄碌《もうろく》していた」ということになるのでしょう。でも秀吉は亡くなるまで、頭脳は衰えていなかったように私は感じるのです。

そこで出てくる仮説ですが「実は、秀頼は彼の本当の息子ではなかった」。そして秀吉は、そのことを知っていた。だから秀頼がどうなろうと、心の底ではどうでもいい、と思っていた。まあこうなると、もうおとぎ話ですね。

現実に、秀頼は生物学的には、秀吉の息子でなかったと思います。何人かの産婦人科の先生に尋ねましたが、みなさん、そうおっしゃってました。もちろん真実は、歴史の闇の中。また政治的に考えるなら、独裁者が「これは俺の子だ」といえば、DNAがどうであれ、その子は独裁者の子だし、後継者たり得るのです。

しかしそうした辺りに空想を巡らすことも、歴史の「もしも」を考える醍醐味で、歴史好きの人たちの想像力を刺激するところです。

第三章

日本の歴史は、ぬるい——変わるときは外圧

穏やかでまったり

日本の歴史は、ぬるい。よく言えば穏やかでまったりしています。たとえば、中国やヨーロッパの歴史であれば、政変があればその結果として「政敵一族皆殺し」という事態がまるで恒例のように続く。特に中国では、たとえば漢の時代に、皇后の一族、外戚が権力を握った。しかし次の皇帝がたち、そして新しい皇后がたつと、前時代の外戚は排除され、一族皆殺しとなる。そしてまた皇帝が代わると次の外戚が出てくる、という繰り返しになります。現代の私たちからすると「権力を握り大きな顔をすると、一〇年後、二〇年後に確実に滅ぼされるのに、なんで?」と思うところです。

いっぽう日本では、藤原氏にしても、鎌倉北条氏にしても外戚の地位自体が安定し、世襲化されて受け継がれていく。そこに争いは起こらず、代替わりしても血など流れません。

ヨーロッパであれば、「百年戦争」といってイギリスとフランスで百年間も戦争をしていたりする。「三〇年戦争」なんていうのもある。しかし日本では「戦いが続き、京都は焼け野原になりました」といっても、「応仁の乱」(一四六七―一四七七)で一一年間。百年も戦争を続けるほどの情念の深さはなく、日本の歴史はあっさりしてるのかなと思ってしまいます。

最初は武人だったはずの天皇

ぬるい。穏やか。

これは歴史のはじまりから見られる特徴で、たとえば前方後円墳というものがあった。あの不自然な形状は、やはり二つの形が複合してできたものだそうです。奈良の王権と吉備の王権が連合し、それぞれの古墳の形が複合すると、あの形になる。それが現在の考古学では定説。では、どういった経緯で奈良と吉備が連合し、王権を拡大させていったのかというと、私などは中世史の人間ですから「それは戦いの結果でしょう」と考えます。

たとえば奈良時代以前や、奈良時代の初期、天皇は基本的に成人であることが求められ、しかも男子であることが望ましかった。なぜかというと、おそらくそれは軍事と密接に結びつきがあるのでしょう。つまり古代の天皇は軍人でもあり、いざ有事には戦いの先頭に立たなくてはいけない。だからこそ成人男子であることが求められた。

もっとも、意中の人がまだ子どもである場合に、その子どものお母さんやお姉さんが、成長する時間を稼ぐために次々に皇位につくということがあって、それゆえに奈良時代は女性天皇が多いのですが。

考えてみればこれは当然のことで、天皇がなぜ天皇になったのかというと、ライバルを打ち倒してリーダーとなったはず。戦って戦い抜いて最後に勝者となったのが大王であり、それが後に天皇になった。だから基本的に、古代でも権力と軍事は密接な関係があったはずと、私などはそう考えてしまいます。

しかし考古学の人たちは、軍事をあまり強調しないのですね。その点、私は「ずいぶんと平和的なことで」と感じていたのですが、しかしあらためて見直すと、確かに軍事の色が薄いところに「日本史のぬるさ」の特徴が、すでに現れているのかもしれない。

前方後円墳が大和政権の「武器」

前方後円墳で言うと、あれは大和の王権が、日本各地の王様的な存在を支配していくときに、従属させる一つのツールだったらしいのです。当時の地方の豪族からすると、あのような古墳を建造する技術はすごいテクノロジーなのですね。「こんなすごい技術をもっている勢力にはかなわない」ということで、わりと素直に頭を下げてしまう。

後の歴史でも、豊臣秀吉が後北条氏を攻めたときに、石垣山に木の囲いを設け、その中にお城を築き天守閣をつくって囲いをバッと取り払うと、小田原城に籠城している北条氏にしてみれば、一夜にして城ができたと見える。しかも関東には石垣を積んだ城もなければ、天守閣がある城もない。だから天守閣に驚き、石垣に驚いたわけです。「自分たちとはもうテクノロジーが違う」と痛感させられ、それであっという間に降伏してしまったという話があります。

前方後円墳も、同じようにテクノロジーの優位を示す存在だったのかもしれない。大和の支配に身を委ねるのであれば、前方後円墳の作り方を知ることができる。そうしたことで支配というものは、けっこう捗《はかど》るものなのです。

ちなみに同じ機能を果たしたものが鏡。三種の神器のなかでもいちばん格が高いのは鏡なのですが、日本人はどうも鏡が好きらしい。だから中国がお土産を持たせるときも、彼らは日本人が鏡をことのほかよろこぶと知っていて、それを持たせる。『魏志倭人伝』のなかでも倭国の使者に鏡を持たせていますが、それが「三角縁神《さんかくえんしん》獣鏡《じゅうきょう》」になったのかもしれません。

大和朝廷は、その鏡をたくさん持っていて、各地の王様たちにあげるわけです。もらったほうは「いいものをいただいた」ということで、支配下に入る。それでだいたい大丈夫。そうした事情を考えると、そこまで戦いが起こらずに、大和王朝の優越性が成立したという考古学者の考えは、ふつうであれば「なにお花畑なことを言っているんだ」という話ですが、「ぬるい」日本の黎明期の実情だったのかもしれない。

たとえば『魏志倭人伝』に「倭国に大乱あり」という文章が出てきます。国が大いに乱れたので、皆が相談して王として祭り上げたのが卑弥呼。卑弥呼とは軍事でも政治でもなく神事を司る女性です。その人をリーダーとして選び上に戴くと、みな納得して争いが収まった。そこに「和を以て貴しとなす」という日本の風土の特徴が現れているのではないか。話し合いを重視するのが日本の風土ではないかと考古学者の人たちは言う。

私などはやはり「そんなお花畑な話があるか？」と考えるのですが、卑弥呼がトップとして神事を司り、卑弥呼の弟と称する男性――もしかすると夫でもあった可能性がありますね――が、政治を行なうという形で邪馬台国は運営されていた。リーダーとして軍事の色彩が薄い女性を戴くことで、国が安定した。そうした形が基本になっていたとすると、そこに「穏やかな国」の特徴が出ているのかもしれません。

邪馬台国がそのまま倭国であるかどうか、別だという考え方もあるそうですが、考古学の分野では、まず「邪馬台国＝倭国」と見られている。その邪馬台国の時代から、日本は穏やかな風土で、あまり激しい戦いはなかった。

日本の都には壁がない

「でも軍事も必要でしょう？」と思いますが、そこで想起せざるをえないのが、時代は移りますが、日本の都城の形です。日本の最初の都城と言われるのは藤原京。この都の形を見ると、どう考えても中国の影響を受けてつくられた都であることがわかります。にもかかわらず、そこには中国の都市には必ず築かれる壁、城壁がない。この藤原京が平城京にも平安京にも影響を与えていて、どちらにもやはり壁がないのです。

もちろん必要があれば、日本人も壁を築いたことでしょう。しかしないということは、必要がなかった。つまり奈良の周辺では、天皇に反乱を起こす勢力の存在を、想定しなくてもよかったということになります。それは朝廷の政治能力が高く、反乱が起こらないほどうまく統治していたというよりも、もともと日本人は、戦うことがあまり好きではなかった。どうもそのような気がします。

その証拠となるのかどうか、権力者の遺骨を調べると、ヨーロッパの場合は、矢や刀の傷が残っていたり、首を切断された痕が残っていたりする。それが日本の場合はほとんどないそうなのです。古墳に埋葬されるような人物は相当な権力者ですから、軍事にコミットしていてもおかしくない。そして軍事にコミットしていれば、遺体に、戦いの中で傷ついた痕跡があるのがむしろふつうで、戦死して葬られた場合も当然あったはず。しかし、それがほとんどない。

そうするとやはり戦いに次ぐ戦い、血を血で洗うような戦いがあって大和朝廷ができたということではなかったのか。考古学者の人はあまり深く考えず、軽く「和を以て貴しとするのが日本ですから」とおっしゃるようですが、意外にその通りだったのかもしれません。

古代最大の外圧、白村江の敗戦が日本をつくる

しかしそうした穏やかな日本史の中で、六六三年に「白村江の戦い」が起きる。その大敗が、日本の国というものの成り立ちに大きな影響をもたらす。

明治のころまでは、日本の起源は、スーパースター聖徳太子がつくったという考え方で、だからこそお札にも使われていた。太子は六〇〇年ごろの人ですが、日本の成り立ちのターニングポイントは実際のところその百年後あたり、七〇〇年前後の時期でした。

たとえば日本という国号も、天皇という称号も、この時期から使われるようになっています。なにがそうした流れを促したかというと、白村江の大敗北が大きく関与していたのだろうと思います。

「白村江の戦い」では、新羅に滅ぼされた百済の残党が日本に「いっしょに戦ってくれ」と要請し、そこにどのような思惑があったかは古代史専門の人にお任せするとして、中大兄皇子、すなわち天智天皇が、日本の総力をあげて朝鮮半島に兵を送った。そうして新羅と、新羅が味方に引き込んだ唐の連合軍と、百済と日本の軍勢が戦って、日本は大敗北を喫した。その結果、当時どのような利権を持っていたかはそれぞれ考え方はあるようです

が、日本が朝鮮半島に持っていた利権をすべて失った。

興味深いことに、このときに皇室に取って代わろうとする勢力は出てこなかった。日本のリーダーである皇室と天皇が、これだけの大失敗をしたわけですから、それに代わろうとする存在が出てきてもおかしくないのに、しかし出てこない。国内には敵がいない状況が続く。

もちろん六七二年に「壬申の乱」が起き、大友皇子と大海人皇子が戦うわけですが、それも国内での権力争いに終始するわけで、革命的な大変革は、けっきょく日本には起らないということになります。

白村江の敗戦後、日本としては、新羅や、あるいは唐が攻めてくるという危機感を、現実のものとして持たざるを得なかった。そこで急速に日本の地力を引き上げるために、大急ぎで「日本の国のかたち」をつくり変える必要があった。その流れの中で天皇という称号、日本という国号も定められ、そして律令の編纂も急がれる。

また国内を地方まで治めなくてはいけないということで視野も変わる。第一章で述べたように、それまではずっと西を向き、中国大陸とか朝鮮半島を見ていた日本のエリートたちが、「日本列島とはどのようなかたちか？」ということを改めて振り返り、「東のほうにもまだまだ土地がある」と意識した。そして東の僻遠《へきえん》の地に国名をつけて国を置き、大和朝廷は中央集権国家として、地方、特に東のほうも視野に入れて治めるという形にもっていった。

神話もこの時期に整備されています。神話をとりまとめて、歴史物語を書く事業もこの時期に行われました。そうしたことを含めて七〇〇年くらいに、律令国家の外観を整えた日本の姿が現われてくるわけです。

内向き日本の平安時代

しかし危機感を持って急速に律令国家の形だけは整えた日本ですが、その後、平安時代にかけて藤原氏が政権を担うようになると、もはや天皇が子どもであっても問題なくなってしまう。むしろ、子どものほうが操りやすいからいいやというくらいで、藤原氏が天皇に自分の娘を娶《めと》らせて、そうして生まれた子どもを天皇の座につける。自分は幼い天皇のお祖父ちゃんとして実権を握るという形が一般的になっていきます。

ただし「だったら藤原氏自体が天皇になってしまえばいいじゃないか」と思っても、それはやらないのですね。天皇は天皇として鎮座していただき、実権はその裏にいる藤原氏が握る、という形で権力構造が安定して受け継がれていく。

「天皇がもはや子どもでもいい、むしろ都合がいい」ということは、もはや天皇が軍人である必要はなくなったということですね。

たとえば五二代目の嵯峨天皇――平安京に遷都した桓武天皇（七三七―八〇六）の息子ですが――この人は鷹狩りを好んだと言われ、鷹についてひじょうに研鑽《けんさん》を積んだ天皇なのです。つまりアウトドアでした。ところがその後の天皇は皆インドア派になっていって、天皇が鷹狩りを好まれること自体、イメージ的に違和感が出てくるようになり、そもそも天皇が外に出ることさえ珍しくなっていく。

この時代、日本という国もまた、まったりしていくことになります。誰かと戦うということはまず考えられない状況になり、八九四年には菅原道真（八四五―九〇三）の建議で遣唐使も廃止されてしまう。なし崩し的に、唐との外交関係も終わってしまい、まさに自分の国のことだけ見るという、内向きな日本がそこに出てくる。言ってみれば引きこもりニートの日本がそこに出てきます。

この時期に国風文化が盛んになり、平仮名や片仮名が生まれる。『源氏物語』も生まれます。戦いの暴力の価値が薄れていく時代には、女性が活躍する可能性が広がる。そうすると恋愛小説である『源氏物語』が生まれ、女流文学が花開いた。明治以来、もっぱら王朝文化がもてはやされますが、それもまた日本という国が「まったり」の伝統を受け継いできたからかなと思います。

平安時代の様子で対照的なのが、実は朝鮮です。当時、朝鮮では高麗という国があったのですが、高麗は中国の王朝の支配を受けていて、王様は中国の皇帝との冊封関係にあった。当時の高麗の人たちは強制的に白い着物を着せられ、日本のようにカラフルな十二単を着るというわけにはいかなかった。

だから今の韓国の方たちには、日本に平安時代のような時代があったというと嫌がる人もいるそうです。朝鮮半島は中国と地続きで、どうしても中国の王朝の動向に左右させられてしまいます。

いっぽう日本がのんびりできたのは、海をはさむという地政学的な状況があるからですね。島国であるゆえに、のんびりした風土にゆっくり平安の時間が過ぎていった。同じ島国でも、イギリスは百年戦争をやっているわけですから「島国であればすべて外憂は解決」ということではないのでしょうが、日本の場合は、中国と距離を置き、直接接していないということが大きかったのかもしれません。

三百年ぶりの戦乱

そうして朝廷を中心とする歴史が流れていく。時を経るにつれ身分秩序も、がちがちに定まっていきます。しかしそうした身分秩序を否定しようという動きがなかなか出てこない。藤原氏が台頭してくる時期に多少の血が流れますが、それほど大きな内乱があったわけではない。さらに後の時代になると下剋上がありますが、日本の場合、特定の時期をのぞいて革命的な動きがほとんど起きないのです。

たとえば平将門は反乱を起こし、自分は新しい天皇――新皇と称した。しかしこちらも朝廷の真似しかできない。たとえば将門政権は重要メンバーを関東の国司に任命するのですが、ここに常陸介・藤原玄茂《はるもち》と上総介・興世《おきよ》王《おう》（？―九四〇）がいる。あれ？　常陸守、上総守じゃないの？　実は全国で常陸・上総・上野の三ヶ国だけは、親王が「守」になるので、トップは「介」というしきたりなんです。そんなしきたりまで守ってしまうんだから、猿まねもいいところ。もっともなぜか上野には、上野守・多《た》治《じ》経《のつね》明《あきら》が置かれている。謎です。根本的に「時代を見据えて自分がそれに反逆する」というほどの動きはないわけですね。

貴族社会であれば、菅原道真のように、政争に負けても大宰府に左遷されるだけ。しかも彼は、一族皆殺しどころか、大宰権帥に任命されて行くわけです。これは九州を統括する長官ですから、相当に偉いのですね。それで恨んで祟るというのだから、日本史はどこまでぬるいんだ、日本人はどれだけ甘いんだという話です。

時代がさらに下ると「薬子の変」（八一〇）以来、三百年ほどぶりに武力紛争「保元・平治の乱」が起こる。

朝廷が後白河天皇派と崇徳上皇派に分かれて戦った「保元の乱」（一一五六）では、武士の力が使われました。ライバルを倒す際に武力を行使する武士に命令するのは、一見、当たり前のことに感じられますが、そうした発想は、実に三百年もの間、封印されていました。私は「なぜそれほどの間、誰も思いつかなかったのか」とずっと考えてきました。しかし、この「誰も思いつかなかった」ところにこそ日本史の特徴があると考えれば、納得できる気もします。

「武力でライバルを倒す。そうしたアイディア自体出てこないほど、よほど日本人は環境的におめでたかったのだ」と。言ってみれば日本におけるコロンブスの卵の発想。これを思いついた藤原信西（一一〇六—一一六〇）は天才かもしれない。

中国の歴史書を読んではいますから、世の中には血なまぐさい出来事が起きることは知っているはず。しかし自分はやろうとしない。それはある意味で賢いのかもしれないけど、ある意味ではガッツがない。そんな言い方もできます。

たとえば、これは笑っていいのか、悲くて泣けるのかわからないのが、源頼朝の父、源義朝の願望です。

源義朝の願望の限界

彼は源氏のトップで、武士の棟梁の一人と目されていた。「保元の乱」のときは、平清盛と馬の轡《くつわ》を並べて、仲間として戦い勝ち組となった。乱のあとは朝廷からご褒美として官位をもらいます。そのとき源義朝が何になったかというと朝廷の馬を管理する官職、左《さ》馬頭《まのかみ》に任命された。

一方で平清盛は播磨守に任命されています。今で言えば播磨の県知事になるわけですが、播磨は京都に近い大国で豊か。ここの国司は国司中でいちばん格が高く、しかもおいしいポジションと見られていました。それに任命された清盛のことを、義朝はうらやましくてならなかった。

そして「保元の乱」の三年後、「平治の乱」（一一五九）が起きます。この乱はクーデターです。後白河上皇が信西を信任して政治を任せるのが煙たくて仕方ない、ということで藤原信頼（一一三三—一一六〇）という若者が兵を起こす。そのとき彼が当てにし、信頼していたのが源義朝。義朝は平清盛の不在を狙ってクーデターを起こし、それが成功して藤原信西は討ち取られてしまいます。

そして論功行賞があって、藤原信頼、源義朝は自分で自分たちに官職を与えることになった。命がけでクーデターを起こし、成功したわけです。かつてのカダフィ大佐のように、思うがままに実権を握ったり、国軍を掌握できる立場です。なのに、なんとこのとき義朝は播磨守になった。

よほど清盛が羨《うらや》ましかったのでしょうね。大納言でも中納言でも、どんとゲットすればいいのにと思うところですが、義朝のような人物でさえ、高望みをしなかった、というかできなかった。どうやら日本人、私たちのご先祖様はがちがちにそこまで秩序に縛られていたのでしょう。命をかけた大博打に勝ったときでさえその調子だから、平時において、国の転覆を考えるなんて事態は、ほとんど起こらない。

鎌倉幕府の権力闘争は、日本史上異例

源義朝の息子、源頼朝は後に、鎌倉幕府をつくる。関東の地に成立した武士政権の存在を朝廷が容認した事情は、第一章で述べました。いっぽうの頼朝の側も、たとえば「天皇や貴族を打倒する」といった言葉は、一切出していません。とことん最後まで争うことはない。倒すか倒されるかの闘争ではなく、なあなあで行く。日本人の国家意識や権利意識もそのような感じで、またぬるいという気がします。

ただ頼朝が亡くなった後、鎌倉で起った権力闘争は、日本史のなかでも唯一といっていいほど、血を血で洗う苛烈なものとなります。武士と武士、という条件があったからでし

ょう。その結果として、北条氏が勝ち残り、将軍を飾り物にして幕府の実権を握っていきました。

室町時代も、江戸時代も権力闘争はありました。しかし室町時代では、ほとんど人は死なない。たとえば敗れて失脚したら「あいつを討て」という討伐令は出るのですが、みなあまり真剣に受け止める気はないので、一年くらい持ちこたえたら許されてしまう。

江戸時代は、権力闘争自体は熾烈《しれつ》なものがある。しかし、その熾烈な権力闘争の結果として腹を切らされた大名はいないし、幕府役人もいない。「失脚＝死」という、そうしたことではない。

その意味で鎌倉北条氏は、ぬるい日本史のなかで異色の存在なのですが、彼らにとって権力闘争は、言わば暴力集団の抗争なのですね。この時期だけは「失脚＝死」でした。しかしそれでも、中国のように、政敵一族を皆殺しにまではしていない。

そしてその北条氏もまた、「自分が将軍になるか」というとならないのですね。汚い手をつかって次々に他の有力な武士を潰していった後は、執権として権力を握った。

中国的な考え方からすると「俺は天子に、皇帝になってやる」という野望で頑張るわけです。そうすると、社会の枠をぶち壊して無理やり上昇していこうとすることになるから、たくさんの敵が現れ、その敵を打ち倒してたくさんの血が流れる。

北条氏も血を流しますが、それでもそれ以上の争いは好まない。ある程度戦ってその先は、皆が認めることのできる執権という形に落ち着く。北条氏が将軍になれなかったのかというと、当時の北条氏の権力は抜群に強力ですから、なろうと思えばなれた。しかし彼らは、その辺りが賢いので、揚げ足をとられ、足を引っ張られる事態は避けて将軍にはならない。

その判断は、源頼朝が鎌倉のど田舎に政権をつくって京都に近づかなかったという慎重さと、どこか似た話だと私は感じています。分をわきまえた出世にとどまる。将軍にもならない。ましてや天皇になろうなんて話は全く出てこない。

実際、中国のように「自分が日本の新しい皇帝になる」などと言い出したら、日本の場合は誇大妄想、常軌を逸した人としか見られないでしょう。その辺り、やっぱり日本の歴史は穏やかで、社会変革を生む激しさがないと感じます。

ということは、日本の歴史には変革が起きず、放っておくとただだらだら時間が流れていくということになる。つまり外圧がない限り、日本の歴史は変わらないということになります。

その中でも鎌倉において、武士の政権が始まったことについては、外圧は関係なかったのかもしれません。しかしそこを無理に考えると、日宋貿易によって銭が入ってきて、貨幣経済が広がったことと多少、関係があるのかもしれない。

日宋貿易の結果として平家が出てきた。武士の棟梁である平家が貿易の利潤を独占し強力な権力を握り、やがては後白河上皇に対してクーデターを起こした。その背景があるために、源頼朝は、出ていきやすくなった。そう考えると、外圧によって変わったとまでは言えなくとも、外国との関係によって社会に変革が起きたとは言えると思います。

中世最大の外圧、モンゴル襲来が幕府を揺るがす

逆に外圧がもろに直接、影響したケースが、モンゴルの来襲です。モンゴルが二度、攻めてきた。それを神風が吹いて撃退したということになっていますが、これは当時としては驚天動地の事件でした。

その大事件が日本にどのような影響を与えたのか。当時、武士とは命がけで働くことが使命でした。そして命がけで戦ったら、それに見合う褒美をもらえることが主従関係の根幹をなすルールとなっていました。

ところがこのときは、モンゴルを撃退したといっても新しい土地は一つも手に入らない。そのため、皆満足がいく褒美はもらえないということになります。その結果、北条氏に対する不満が高まることになりました。

ただそこですぐに北条氏が潰されるかというと、そうはならなかった。

当時、鎌倉幕府には政策の方向性が、二つありました。一つは幕府は社会の代表であるという考え方。「武士は日本のリーダーであって、だから幕府は、御家人だけではなく社会全体のことを考えていこう」という方向性です。

いっぽうそれに対して「もともと幕府は、武士の利害を代弁するために成立したのだから、武士の利害をまず第一に考えるべきだ。御家人を優先しよう」と考える人たちもいた。

北条氏は、モンゴル襲来ののち徹底的な御家人ファースト、つまり後者の、御家人を優遇する方向へ舵《かじ》を取ります。そして一二八五年に霜月騒動が起こり、社会全体を考えようという人たちは滅び、御家人、武士を第一に考える勢力が生き残る。結果、「永仁の徳政令」（一二九七）が出されるわけです。

これは「御家人に対して所領を売った場合は、御家人はその所領をタダで回復できる」というもの。つまり御家人から土地を買った人は丸損になるという、むちゃくちゃな法令です。しかもそれが幕末の、一三三三年に鎌倉幕府が滅びるまで有効だった。とことん御家人のことしか、幕府は考えていなかったということになります。「御成敗式目」（一二三二）をつくって、社会全体を視野に入れようとしていた幕府の姿勢は、もはや完全に消え去っていました。

しかしこの「御家人ファースト」の政策のおかげで、対モンゴル戦で恩賞をもらえず、不満を抱いた武士たちも、直接「幕府を倒せ」という動きにまでは至らなかった。不平不満は抱えてはいて、「北条め」とは思っている。しかし具体的に倒す動きには出ない。そうした状況で五〇年が経つ。まあ、のんびりです。

そして後醍醐天皇が「幕府を倒せ」という号令を下したときも、武士たちは動かない。「幕府は御家人の利益代表である」という思いがあるので、後醍醐天皇に従うことはない。結果、後醍醐天皇は隠岐の島に流され、二年が経ちますが、幕府は倒れずにいます。

ところが名門出身の武士である足利尊氏が「後醍醐天皇に従い、北条を倒す」と宣言したとたんに、「私は足利につきます。北条は許せません」という武士が続々と出て、わずか一ヶ月で幕府は滅びてしまった。なぜそこまで北条氏が支持を失っていたのかというと、やはりモンゴルが攻めてきたことが大きかったのではないかと思います。外圧で変革が起きる日本の、典型的な経緯でした。

大陸に目を向けた足利幕府

鎌倉幕府が倒れ、「建武の新政」（一三三三―一三三五）が短命に終わり、室町時代になります。この時代、日明貿易を通した「外交」が世の中を大きく変えていく。正確にいうと、その日明貿易の前から、日本どころか東アジア世界を大きく変えていく要素がありました。それは「倭寇《わこう》」の存在です。

一四世紀の倭寇はだいたい日本人でした。特に北部九州を根城にした倭寇が、朝鮮半島、さらには中国大陸の沿岸部にたびたび襲撃をかけた。

朝鮮半島において、この倭寇の取り締まりに大きな功績をあげたのが李成桂（一三三五―一四〇八）で、この人が将軍として名声を得て、一三九二年に李氏朝鮮という国を建てる。明のほうに目をやると、この国は朱元璋（一三二八―一三九八）が一三六八年につくった。朱元璋も倭寇対策を重視して、彼は明を建国するとすぐさま日本に遣いを出し、倭寇の取り締まりを命じています。明は伝統的な中国の王朝ですから、皇帝は外国とのやり取りにおいて、その国の王様としか折衝をしない。ですから「倭寇を取り締まれ」という明の遣いは、日本の王様のところへ行くつもりで九州へやってきます。

このときに九州北部に勢力があったのは、後醍醐天皇の息子の懐良《かねよし》親王（一三三〇？―一三八三）。征西将軍宮懐良親王です。この人が「私は日本国王です」と言って明の使者に会った。つまり南朝勢力が明との外交を開始しようとしたわけです。

それはやっぱりまずいだろうと考えたのが、当時の室町幕府の三代将軍足利義満で、今川了俊（一三二六―一四二〇）という大物を九州に派遣し、彼がなんとか南朝勢力を追い落とすことに成功する。そして室町幕府はすぐに倭寇の取り締まりを始めます。それが日明貿易が始まる基礎となり、足利義満は一四〇一年に明に対して遣いを送る。明のほうでは足利義満を「日本国王」として承認しました。

そして将軍と明の皇帝との間で交易がはじまる。交易と言っても、中国の皇帝は先に述べたように「対等の関係は認めない」という超上から目線の存在ですから、日本側が貢物を持っていき、それに皇帝がたくさんのお土産と与えるという名目で、交易が行われるようになります。

実は「侘び寂び」が主流ではなかった室町文化

この貿易が、日本にどのような影響を与えたか。中国の文物である唐物が日本にやってきます。それまでも中国の物は日本に入ってきていました。島国であるがためだと思いますが、日本人は舶来のブランドに弱いのですね。外国から来た物にひじょうに弱い。現代でもブランドが大好きな風潮が根強いですが、それは昔からで、もともと日本では唐物が大変にもてはやされていました。そうした風土があるところに、日明貿易によって、中国大陸のリアルタイムの特級品、一級品がもたらされる。その結果、唐物への憧憬が全盛期を迎えることになります。

ここが少し前までは誤解されていたところなのですが、室町時代の文化というとすぐに「侘び寂び」の世界が連想されます。しかし実は室町は、唐物全盛という時期でもあったのです。たとえば、中国の水墨画のなかで最高の点数を付けられていた、和尚の絵があります。これは牧谿《もっけい》法常という禅僧が描いた水墨画ですが、この人の絵は、中国ではそこまで最高だとは見なされていなかった。それが日本にもたらされ、牧谿の素晴らしさはむしろ日本人が発見した。

こうしたことは日本人は上手いですよね。クイーンが当初、本国イギリスより先に日本で人気が出た……、これはあまり関係ないかもしれませんが、文革の結果、現在の中国には牧谿法常の絵は全くない。全部日本に残っていて、それらはすべて国宝や重要文化財になっています。

室町時代の「侘び寂び」の世界というものは、こうした唐物全盛の風潮に対抗するものとして出てきた。それはあくまで和物こそ至高という考え方ではなく、「唐物に対して和物もなかなかいいよ」という再発見であって、「和物も工夫すれば唐物と肩を並べることができる」という形で展開していった流れでした。

どちらかというと唐物の美は華やかで、キラキラしている。パターッと外に働きかける。そのいっぽうで和物――日本独特の美意識は、枯淡美。冷え枯れた、枯淡の美。内向きなんです。こうした美意識が特に連歌のなかに見出されて、侘びであるとか寂びであるとかいう世界が生まれてくる。その感覚を吸収してお茶や生花が生まれた。お香もそうですね。そうした美意識はすべて、茶道や香道、華道として、現代の日本にも影響を与えています。

だから日本文化の源流が、室町時代にあることは間違いない。しかし室町時代に和物を見つけ出すとき、「これが和の美だ」という自覚は、比較の対象がなければなかなか見出すことができない。そういう意味で、中国と交易の中で唐物が入ってきて、その結果、むしろ日本本来の美が再発見されていったという流れを認識しておくことは大事だと思います。

キリスト教と鉄砲伝来が戦国時代を変える

そして「応仁の乱」を経て、日本はどんどん戦国時代へと入っていく。この時代の外国との関係では、政治経済の分野で大きな動きがあった。鉄砲とキリスト教の伝来です。

私は鉄砲の伝来が、戦国時代を終わらせることに一役買っているのではないかと考えています。

戦国時代は、穏やかな日本史の中でも、これは間違いなく戦いがある意味で日常化してしまった下剋上の時代であった。そこに鉄砲というものがやってきた。その鉄砲と、他の武器ではなにが違ったのか。

　戦争では、やはり数が勝負を決める。だから職業軍人ではない、つまり一般の農民などをたくさん動員できることが戦いの決め手になる。ただし日頃は農業に従事しているような人が戦場に連れてこられても、これは私たち一般人が戦場に駆り出されたのと同じで、戦いたくないわけです。自分の命も惜しいし、戦場で人と命のやりとりをすることも恐ろしくてなかなかできない。刀を抜いて至近距離で斬り合うなどという行為は、戦闘意欲が高くないとできないのです。

　では距離をとってならば戦うこともできるだろう。そうすると「弓だ」という話になるのですが、弓は習得するのに長い時間のかかる武器です。日頃、農作業をやっている人が渡されて「これで相手を射よ」と言われても、そう簡単にできるものではない。

　ではどうすればいいんだというところで出てくるのが槍。だから集団戦法が広がっていく南北朝時代に、槍が生まれています。それ以前は薙刀《なぎなた》が使われていたのですが、集団戦の時代になると、この武器は味方をも傷つけてしまう。そこで槍を使った。槍であれば、それを持たされた農兵が集団で突撃して相手を倒すことができる。もっとも戦場でどのように使われたのかを調べると、実際は突くのではなく、上から叩いていたそうです。なので長い槍にどこまでの攻撃力があったのかはよくわからない。

そうしたところに鉄砲がやってきた。この武器と他の武器の違いは、持って、引き金を引きさえすれば、かんたんに相手を倒すことができるところです。もちろん引き金を引くにあたって、たとえば鉄砲の砲身の中をきれいに洗わなくてはならないし、それから弾を詰めなくてはならない。しかしそれは一回教えられると、農民であってもかんたんに習得できることです。そうして撃って、当たれば相手は倒れる。殺傷能力が高い。結局、鉄砲が戦場にたくさん登場するということは、たくさんの人が死ぬということになります。その現実は、だんだんとみな理解していったことでしょう。そうして多くの人が死んでいくと「もう人殺しはたくさんだ、もう人が死ぬのを見るのはたくさんだ」という気分も出てくる。その気分のなかで戦国時代は終息に向かって進んでいったのではないか。

外国からの鉄砲伝来という、戦場の武器のイノベーションがあった。それは戦争を拡大するのではなく、むしろ戦国時代が終わっていく方向に、大きな影響を与えた。そのように考えています。

一向宗とキリスト教

そしてもうひとつ戦国時代に伝来したものがキリスト教。こちらのもたらした影響をどのように捉えるべきなのか、私はまだよくわかりません。

当時の戦国大名は第一章でもふれたように、ひとりひとりが自分の国を治めて自立している存在です。それがやむを得ず、だんだんと他国に進出していくことになるのは、一つの理由が経済。経済行動は、国単位で完結することはまずなくて、国と国との境を越えて、「越境」をうながしていく。流通が広がって、やがて日本全国に拡大するようになると、権力もまた経済に対応するために、日本全体を押さえる必要が出てくる。そうした形で、経済・流通の拡大が、権力の拡大、日本の統一を促進する力になった。

もう一つ、国を越えて広がっていくものが宗教です。宗教は国というものにとらわれず、野越え山越え、地政学的なさまざまな条件を超えて広がっていく。そうして実際に広範囲に広がった宗教として、一向宗があります。

一向宗にどのようにして対応するかと考えた結果として、戦国大名もまた国を超えて大きな権力を握らざるをえなくなっていった。もっとも実際は、どの戦国大名も適当な融和策をとって、たとえば武田信玄も上杉謙信も、徳川家康もですが、一向宗との徹底的な直接対決は避けた。

その中で、融和策をとらず一向宗と真正面からぶつかって否定していったのが、織田信長です。信長にとって最大のライバルは、武田でもなく毛利でもなくこの一向宗でした。国と国の境を越えて勢力を拡大していく一向宗に対し、同じく拡大志向を持つ信長もまた、国を越えて権力を掌握していく。そして真正面からぶつかり、虐殺をも辞さずに潰していきます。

この一向宗との戦いが一段落した段階で、次なるリスクとして浮上してきたのが、やはり越境して勢力を拡大していたキリスト教ということなのでしょうね。豊臣秀吉は、キリシタンの禁教令を出しますが、その後、江戸時代には徳川家康も禁教令を出している。

秀吉や家康のように、天下人として権力を掌握した人物がなぜキリスト教を脅威と感じるのかというと、それは昔からキリスト教で問題になってきた「世俗のものは王へ。そうでないものは神へ」という原理。キリスト教では、そうした切り分けを一種の「生き残る知恵」として使ってきたわけで、世俗の権威を認めながら、信仰を拡大してきた。しかし実際にはしばしば「王の権威を否定してでも神に忠節を尽くせ」という動きがあったわけで、そこのところを秀吉や家康は嫌ったのでしょう。

天下を統一していなかった信長は、キリスト教とは対立していない。それにたぶん信長は、海を越えてやってきたキリスト教に好意を抱いていた。しかし信長がなお生きて天下を握っていれば、おそらくキリスト教を禁止したことだろうと思います。

そうした意味で統一権力の出現とキリスト教は、密接な関係をもっている。キリスト教の伝来は、日本の歴史を大きく変えて、キリスト教に対決する大きな権力が必要だという意味で、統一権力の出現を必然化するひとつの力になった。

なぜ江戸幕府は鎖国をしたのか?

そしてこの宗教がやってきたことが、日本の鎖国を生み出すことになります。家康自身は、キリスト教は禁じたものの、貿易による利益はほしい人でした。しかし二代将軍秀忠の段階になると、信仰と貿易を別々に捉えることが徐々に不可能となり、貿易もかなり制限されるようになる。そして家光に至ると、完全に貿易も制限され「うちは信仰とは関係ありません」という姿勢のオランダだけが貿易相手として残される形になって、鎖国が生まれるわけです。

キリスト教の拡大、大流行することを避けるためには、幕府は鎖国せざるを得なかった。現在では、近世史のほうで「鎖国はなかった」という説が有力になってきていますが、後のペリーは「日本の鎖国状態をなんとかしろ、開国させろ」という大統領直々のミッションを持ってやって来ているわけですから、それはやはり言い過ぎでしょう。

鎖国のもとで、日本は再びまた、まったりとしたお国柄となり、日本風の文化を育んでいくことになります。キリスト教禁止、鎖国の結果として、必ず語られるのが、江戸の職人芸のような文化です。

平安時代もそうでしたが、どうも日本人は、あるものを組み合わせて使う能力にかけては特別に秀でている。しかしそのいっぽうで、新しいなにかをつくり出すことは苦手。

たとえば大河ドラマの主人公になった渋沢栄一（一八四〇―一九三一）も二五〇もの株式会社を興した人でした。それは凄いことなのですが、ただ彼の事業はもともと外国にあったものを日本に持ってきただけで、新しい概念を生み出したわけではないですね。

持ってくることも能力がないとできない。それに外国から持ってきてアレンジメントすることも立派な才能です。しかしアメリカの、いわゆるＧＡＦＡ、グーグル、アップル、フェイスブック、アマゾンのような企業は発想自体が新しかった。そうした新しいサービスをつくり出すことは苦手。やはり外からの刺激がない世界では、新しい概念を生み出すことは、なかなか難しいことなのかもしれませんね。

この点でも私は近世史の先生がたのおっしゃる「鎖国はなかった」という説がどうしてもわからないのです。「鎖国がなく、海外からの文物の流入はある。その状態で停滞してしまって、太平の眠りをむさぼっていたのなら、日本人は馬鹿ということになりませんか？」と思うのですが。

そこはともかくとして、日本人は0から1を生み出すことよりも、1から2を生み出すことが上手いということは言えるでしょう。0から1を生み出すことはたいへん激しいエネルギーが必要になるはずで、これもまた日本の歴史はぬるいということと表裏一体の関係があるという気が、しています。

黒船来航の衝撃が明治維新をもたらした

しかしついに鎖国状態がぶっ壊されるときがくる。一八五三年にペリーがやって来ます。彼の来航によって「この世の中に日本以外にも国があるんだ。日本よりも強い国があるんだ」と知らされた日本人は驚き、上を下への大騒動になるわけですね。

まさに外圧。人々がその外圧に反応し、「なんとかしないといけない。このままだと日本は植民地だ」と危機感を抱いたからこそ、明治維新が生まれてきたのだろうと私は思っています。

明治維新が成立するにあたっては「攘夷」という運動が大きな意味を持ちました。攘夷。夷狄《いてき》を攘《はら》う。つまり外国人を、打ち払う。この攘夷の運動とともに「尊王」も出てくるわけです。もっとも攘夷といっても、当時でも「そんなことができるわけがない」と理解している日本人はたくさんいました。なかには理屈の通じない本当の原理主義者のテロリストもいて、外国人へのテロを平気でやってしまうような人物もいましたが、総体としては「なんちゃって攘夷」という形で、日本社会を変えようとしていた。

兄貴分だった清が、アヘン戦争でボロボロにされた。このまま幕藩体制のままでいると日本もまた欧米の植民地にされてしまう。生き延びるためには新しい体制を、新しい世の中をつくらないといけない。そうした意識が、明治維新に結びついていった。

ただこの明治維新のときでも興味深いのは、最後の将軍、徳川慶喜は殺されていないのですね。もちろん殺されるべきだなどとはまったく考えていませんが、現代でさえもクーデターが起こると、前時代の権力者は命を落とすことがあります。

その意味で、倒されるべき目標になった幕府のリーダーでさえ、死刑にならなかったことは、やはり日本史の特徴である「ぬるさ」が現れているように思います。

昭和期の戦争の時期をのぞけば、日本の歴史は、人がそれほど戦いで命を落とさない。最後の最後まで憎み合って殺し合うということにならない。悪くいえば「なあなあ」ですが、よく言えば「まあ、許しましょう」という形でやってきました。

なぜぬるいのか。神の問題なのでしょうか。それとも肉を食べないという、食べ物の問題なのでしょうか。肉を食べずに草食になったのは、多神教であったため。そう考えると、宗教と食べ物も、どちらが鶏か卵かという話になりますね。

第四章

信じる者は、救われない——信じると大虐殺が……

宗教への距離感

これは「日本が誇らしい」という文脈の話ではなく、客観的に見て感じることなのですが、日本人は宗教に対して賢く距離感を保ってきた。

利用してやろうという気持ちはあっても、心から素直に帰依《きえ》する純真さはない。むしろどこかスレていて、ハマりきらないところがあります。神様に対して敬意はある。尊重もしている。しかし「神様を信じろ」と言われても、どこかある線は越えられない。信仰というものは、どんなに論理を積み上げていっても、最後には「信じるか、信じないか。ここで飛び越えろ」という一線があるものです。日本人は、その一線の前のギリギリのところで踏みとどまるところがあります。

私個人の体験としても、子どものころにバッハのマタイ受難曲を聴いて感銘を受け、キリスト教徒になるのだったらカトリックだと思いました。その後、圧倒的な芸術作品を見てもやはりカトリックはいいなと感じるのですが、どこかで常識の壁のようなものがあって、信仰を持つには至っていません。

また、もし信仰を持つとしたらカトリックでなければ禅宗だと感じてきました。しかし禅宗というものは、基本的に、信じていないのですね。神も仏も。

一神教が入ってこなかった日本

日本には、戦国時代まで一神教が入ってこなかった。そもそも一神教というものはレアで、なかなか生まれないものなのです。

ユダヤ教、キリスト教、イスラム教という、この三つの世界的な一神教はほぼ同じ地域で生まれています。特にイスラム教とキリスト教は神様も同じ。ガブリエルという天使はイスラム教にも存在して、ジブリールです。こうした一神教は、なかなか登場しませんが、いざ生まれると伝播《でんぱ》力がすごい。まるで疫病にも似て、あっという間に拡がっていく。そしてその過程では、ずいぶんと血が流れることがふつうでした。

日本の場合、仏教が伝わってきたときは、それを受け入れるかどうかで意見が分かれました。「ゴミ屋が午後にやってきた」で、五三八年、もしくは五五二年に仏教が伝わったと覚えたと思いますが、仏教が伝わり、仏像を見た天皇はその美しさに心を動かされ「きらきらし」という言葉を残しています。

そうした仏教を、蘇我《そが》氏は受け入れようとし、物部《もののべ》氏は受け入れない。対立が起こりました。新しい神様がやってくるということは、それだけインパクトのある出来事だったのです。

大和朝廷のルーツは、おそらく邪馬台国だったのだろうと、多くの学者は考えています。

その邪馬台国では、卑弥呼というリーダーがいた。この人がなにを司っていたかというと鬼道。神に仕えて神の声を代弁する道です。そして弟が彼女を補佐し、政治を司っていた。おそらく軍事も担当していたのでしょう。この男性は、実際には夫だった可能性もありますが、卑弥呼はすでに神の嫁なので弟とされていたのでしょう。

ここで大事なのは、邪馬台国においては神を祀《まつ》る神事がトップで、政治はその下に置かれていたこと。これは邪馬台国だけではなく、各地の古い形の政権を見てみると、神の声を伝えるシャーマン的な存在が大変に高い地位にいることは、普通によくあることでした。

そうした邪馬台国の系譜を大和朝廷が受け継いでいるとすると、朝廷もまた、神事が上位におかれていたことでしょう。

その信仰は、初期はまだ神道という形に整備されておらず、祖先信仰が中心であったろうと思います。自分のご先祖様を祀る祖先信仰は、各地で見られる信仰の形でした。

祖先信仰は、中国では非常に強力な原理です。しかし日本がその影響を受けたと考える必要はない。日本もまた本来的に祖先を祀る心があった。そして祖先信仰とあいまって、日本の美しい自然のなかで見出した山や石を御神体《ごしんたい》と見て、大和朝廷はお祀りをしていたのでしょう。木が御神木《ごしんぼく》という形で崇められたりもします。

ここで思い出されるのが、海幸彦《うみさちひこ》と山幸彦《やまさちひこ》の神話です。この神話では、海幸彦が悪い神で、山幸彦がいい神なんですよね。沖縄のニライカナイ信仰では極楽浄土が海の向こうにあって、神様は海を渡ってやってくる。しかし日本の海幸彦の場合は、そうではなくて、本来的な日本の風土のほうに神様がいる。

海の向こうから仏教がやってきた

そうした日本に、仏教が入ってきた。そして受け入れるかどうかで戦いが起きる。その戦いでは、聖徳太子を戴いた蘇我氏が物部氏を倒し、仏教の受け入れが決まったわけです。

この仏教の受容は日本にとって非常に象徴的な出来事で、自分たちの祖先や、自分たちが暮らす風土の神様を祀っていたところに、海の向こうから新しい仏様がやってきたわけです。この仏教受容の時期から、海の向こうとの文化的かつ政治的なつながりができていき、遣隋使が派遣され、次いで遣唐使が派遣され、律令というものが日本にやって来る。宗教だけではなく法の精神までやって来て、古代の律令国家が生まれることにつながっていくわけです。

何度かふれてきましたが、そうして律令国家が生まれた時期に、天皇という称号や、日本という国号も定められ、日本の神話の編纂も行なわれていく。もともと風土の中にあった祖先神の信仰が、高天原《たかまがはら》、天照大神《あまてらすおおみかみ》を中心に非常に美しく編成されて、そして天照大神の直接の子孫は天皇であるという位置づけがなされ、神道というものが明確に姿を現してくることになります。

日本の仏教は中国化した仏教

ここであらためて考えてみたいのは、仏教とはそもそもどのような信仰だったのでしょうか。

仏教とは、当たり前のことですが、インドで生まれたものです。しかしそれが中国に伝わったときに、非常に大きな変質を遂げます。基本的に仏教は「輪廻転生」という考え方が本質となっています。この世でいいことをすると仏になることができる。いいことはしたがそこまででもない場合は、また来世も人間になる。悪いことをすると動物になる。特にひどい場合は虫になる。私などの来世は虫決定かもしれませんが、そうした形で輪廻転生していくものと見るのが本来的な仏教です。

「千の風になって」という歌で「私のお墓の前で泣かないでください。そこに私はいません」と歌われるのは、まさに仏教本来のあり方であって、お墓にはお父さん、お母さん、ご先祖様もいない。命はすべて輪廻し転生していくのです。

ところがその仏教が中国に伝わると、もともと中国にあった強烈な祖先信仰を担保する形に変質を遂げた。自分のお父さん、お母さん、さらにご先祖様のために祈り、その菩提《ぼだい》を弔う。ご先祖様のために祈ることが仏教になってしまいます。

そのように中国で変質を遂げた仏教が日本に入ってくる。日本の信仰も、基本的な考え方は先祖を祀るものだったわけですから、その意味では、祖先信仰を取り込んだ仏教とは非常に折り合いがつけやすかった。もともと、すごく仲良くなることができる特徴を両者がもっていたのです。

一神教の神様とは違って、日本の神様は八百万もいて懐が深い。これは別に一神教を批判するわけではないのですが、多神教であれば「これはダメだ」という神様がいると、必ず「まあ、そんな厳しいことはいうな」という別の神様が現れて「みんなでいっしょに酒でも飲もう」という流れになっていく。そういうお国柄なので、まさに神仏も習合して、神様は仏様とも折り合いをつけることができたのだと考えてきました。

しかしあらためて考えてみると神道も、そして中国で変質した仏教も、祖先信仰という非常に大きな点で共通している。だから受け入れやすかった。ずっと後になってキリスト教がやってきたときとは、そもそもかなり事情が違ったのではないかと私は考えるようになりました。

仏教を利用するエリート日本人

仏教を受け入れた律令国家では、大仏がつくられます。当時、現代の新型コロナウイルスのような形で天然痘が流行していて、どうやら日本列島の人口の四分の一が亡くなったという研究もあります。そうして亡くなった人々の鎮魂、ということも、大仏をつくる理由のひとつであったらしい。

言ってみれば、当時の日本のエリート層には、大仏様の力を利用しようという意図があった。鎮護国家のために大仏をつくる。大仏の力によって国を治めようとする。日本の威信を他の東アジアの国々に見せる意図もあり、そのために大きくつくり、しかも金で塗ってということをしたわけです。

一神教の世界では、神は畏《おそ》れるもの。人は全身全霊でもって神にお仕えし、その身許にひざまずく。鎮護国家のために利用しようなどという畏れ多い考え方はなかなか出てこない。しかし、奈良時代のエリートは、この新しい宗教を活用しようとしていた。その姿は、よくいえば理知的。悪くいえば、ずる賢い態度だったのかもしれません。

そういう意味で言うと、どうも奈良時代の信仰は、どこまで純粋だったのか。絶対的に神様仏様を信じていたという、純朴な日本人像を、私は考えることができないのです。むしろ「利があるのなら仏様を信仰してみよう。活用しよう」という姿勢を感じます。

　当時、南都六宗と言って、東大寺の華厳《けごん》宗、法相《ほっそう》宗、三論《さんろん》宗など、奈良を中心に六つの仏教宗派が栄えるわけですが、そこではキリスト教神学と比較できるような、きわめて重厚な知性を必要とする仏教が展開されました。だからこれらの僧侶であるためには、ものすごく勉強する必要があったのです。つまりこの時代の仏教は、知的エリートでないと理解できないものだった。この点でも、無条件にひたすら信じるというのとは、少し違ったように感じるのです。

　ただし、そうしたエリート向け仏教を嫌ったのが桓武天皇で、この方が平城京から平安京に都を移した。遷都の理由として必ず挙げられるのが、「当時、仏教勢力が非常に強大になっていて、その干渉から遠ざかるため」という話ですが、調べていると、実はそうした様子は見当たらないのです。

　どう考えても後の時代の宗教のほうが京都に対して、直接的に干渉していた。たとえば比叡山の僧兵や、春日大社の神人など、南都北嶺の武力が京都へやって来て朝廷を脅していたわけです。直接的に「我々の言うことを聞け、さもないと」と恫喝《どうかつ》していたわけです。そこまでの振る舞いは、奈良の南都ではなかったのではないでしょうか。たとえばロシアのラスプーチン（一八六九―一九一六）のように政治に介入してくる宗教者も出てこなかった。登場するのは道鏡（?―七七二）くらい。あの孝謙天皇（七一八―七七〇）、重祚《ちょうそ》して称徳天皇と関係が深かった僧侶です。この道鏡については、影響は大きかったのだろうと思います。

仏様の暴走を神様がたしなめる

女帝が自分の愛する道鏡を天皇にしようとした。朝廷の貴族たちは「ええっ！　そんな一般人が天皇になるんですか！」と困惑したことでしょう。それを阻止したのが、面白いことに八幡様という宇佐《うさ》神宮の神様でした。神様が、仏様のやることを「それはやりすぎだ」と制止してくれたわけです。まさに神仏習合ということで、神様も仏様と一体になって、朝廷を助ける役目を果たしていたわけですね。

八幡様は本来、高天原系の神様ではなく、九州の大分県の宇佐地方の土着神でした。だから神社本庁でも存在感を出せないはずなのですが、朝廷との密接な結びつきを積極的に求めるということに成功し、格を上げていく。聖武天皇（七〇一―七五六）が東大寺の仏像をつくろうとしたときに、大仏の建立に、いの一番に手を挙げて協力したのも、神社である宇佐の八幡でした。だから今でも東大寺には手向山八幡《たむけやまはちまん》という神がいらっしゃいます。

当時は鎮守《ちんじゅ》八幡といって、お寺のなかに八幡神社がありました。その鎮守八幡の神様はどういう形で表現されるかというと、これをみごとに示しているのが、鎌倉初めの仏師、快慶の手になる僧形八幡《そうぎょう》（国宝）。お坊さんの格好をした八幡様ですから、当時の鎮守八幡の段階で、神社とお寺、神様と仏様が見事に融合していたわけです。柔軟といえば柔軟なのですが、こちらの都合で神様と仏様をくっつけてしまっているようで、当時のエリートの姿勢からは、どうも神仏を純粋に拝むという意識が感じられない。俗世間の都合で聖なる世界をつくってしまおうとする企みが見え隠れしているようで、こうしたところからしても、彼らが本当に神様仏様を信仰していたかというと、私は何だかあやしいな、と感じてしまうのです。

そうした中で桓武天皇は平安京に移ったわけですが、それは強大になった仏教の干渉を避けたというよりも、すっかり学問的になってしまった仏教が嫌いだったためではないかという気がしないでもない。そして遷都した先の平安京で、新しい仏教が台頭してくることになります。宗教の神秘性を尊重する、天台宗と真言宗です。

平安時代になると、中だるみで時代もすいぶんとまったりしてきました。それにともなって貴族の知力もずいぶんとまったりしてきます。たとえばそのひとつの事例として、律令が全然使われなくなっていきました。

そもそも律令というものは本来的に中国では、皇帝が変わるたびに新しくつくられるものなのです。もちろんゼロからつくり直すわけではなく、以前の律令を活かして変更を加え、更新していくのでしょうが、しかし日本の場合は、天皇が代替わりしても、更新もせずに基本的に昔の律令をそのまま保持していた。

律令を一応つくってはみたものの、それが社会にしっかりと定着したとはいえない。エリート層もきちんと使いこなすことができず、日本的な変更が次々に加えられていく。それだけ、ずいぶんと貴族たちの能力も低下してしまっていた……。そうした状況は藤原氏が、政治を独占していく流れとともに起きたのだと思います。

もし実力者A、B、Cがいて、激しい勢力争いが起きる状況であれば、常に競争にさらされ、しのぎを削る彼らの能力や知的水準は高くならざるを得ないでしょう。しかし「日本の歴史はぬるい」ということで、なんとなく世襲が幅を利かせるようになり、「藤原さんが上に立つのはしょうがないか」といった、だらんとした空気が生まれて支配的になっていく。そうした空気とともに遣唐使の派遣も終わってしまうわけです。

そうした中だるみの平安時代において、最澄（七六七―八二二）がもってきた天台宗と、空海（七七四―八三五）がもってきた真言宗というものが新しい仏教の宗派として脚光を浴びるわけです。

天台宗と真言宗はなにが違うのか

天台宗と真言宗はどういうものかというと、天台宗は顕教。一つ一つお経を読んで学びを積み重ねる。そうして少しでも釈迦《しゃか》の悟りと解脱《げだつ》に近づいていきたいとする仏教です。顕教では、到達すべき地点はまさに釈迦の教え。釈迦が我々庶民に開示してくれた地平です、そこに至る道は遠いかもしれず、この世だけでは届かないかもしれない。しかし、少しでも研究を積み重ねて、仏教的な修行をきちんと務めていくと、いつかはそこに到達する、という方法論です。

それに対して空海の密教は、天台宗のような地道な努力を否定するわけではないのですが、研鑽《けんさん》の積み重ねよりも、仏にすがることが中心になっていきます。

密教では大日如来《だいにちにょらい》という、宇宙の真理そのものの仏様が出てくる。大日如来とは、東大寺の大仏様と同じ毘盧遮那仏《びるしゃなぶつ》ですが、そうした存在が教えの中心になる。では釈迦はどういう立場になるのかというと、まさに天なる神とイエス・キリストのような形となり、毘盧遮那仏がこの世に受肉した姿が釈迦であるという解釈になります。ですから密教では、釈迦が伝えてくれた教えよりも、さらに高度なものとして、宇宙の真理そのものである大日如来の教えがあることになります。

その大日如来に帰依することによって、理論を超越した摩訶《まか》不思議な働きが起こり、人間はその身ながら仏になることができる。即身成仏することができる。それが密教、真言宗の考え方になります。

研鑽を積み重ねる天台と、理論を超越した真言。そのどちらを貴族が喜んだのか。知的好奇心が勝るのであれば、顕教が幅を利かせてもいいはずです。たとえ顕教一択でなくとも、真言密教を大事にしつつ「顕教の天台宗が根本である」という受け止め方があってもいいと思うのですが、実際には、当時の貴族たちは熱狂的に密教を礼賛しました。それは天台宗を開いた最澄本人ですらも、「密教を学ばなくては」と焦るほどで、事実彼は密教の習得に励まざるをえなくなります。

もっとも最澄一代では取り入れは完了せず、円仁《えんにん》（七九四―八六四）や円珍《えんちん》（八一四―八九一）など弟子たちが受け継いでいく。その結果として、天台宗も顕教のみではなくて密教を包含していきました。それが天台宗の密教、「台密」と呼ばれるわけです。なお、真言宗は「東密」ですね。

権門体制論を提唱した黒田俊雄先生は、天皇を中心とし、公家、武家、寺家の諸権門が相互補完的に、中世の国家体制を構成したと見ていらっしゃった。そしてその権門体制における寺家とは、顕教の天台宗と、密教の真言宗が中心であると考えていた。それで、その体制を「顕密体制」と名付けた。また顕密の教えのなかから生まれてきたのが鎌倉新仏教であるから、それらは、言ってみれば枝葉にすぎない、幹になるのはあくまで「顕密体制」だということを言われました。その見立ての是非は措くとして、顕教と密教が中心になる「顕密体制」というネーミングは、さすが黒田先生だと感じます。ただその名はミスリードを招く可能性がある。

つまり、天台宗と真言宗が、朝廷や当時の社会を支えていたとして、それを「顕密体制」と呼ぶのは間違いで、実はどちらも密教であったわけです。名前はつまらなくなりますが「密密体制」、あるいは「密教体制」と呼ぶほうが実情をよく表すことになるのです。

内向き平安時代のぬるま湯の信仰

先に述べたように、朝廷は八九四年には遣唐使を廃絶し、唐との関連がますます薄くなります。その影響として、当時の貴族たちが書いたものを見ていくと、たとえば漢詩がなくなる。歌を詠むときも和歌が中心になり、そして平仮名、片仮名がつくられます。

中国本来の漢文を読むことがかつてのエリートの教養でしたが、漢文も、本来とくらべるとぜんぜん簡単な和風の漢文につくり変えられていく。日本的なものを追求するというと聞こえはいいですが、率直にいうと、平安貴族たちはどんどん楽な方向に、頭を使わない方向に流れていくことになります。自然と能力も低下していった。この流れは歴史の傾向として仕方がなかったとは思いますが、どんどん夜郎自大になっていくのです。「中国に追いつけ」という激しいキャッチアップの姿勢は身を潜め、「うちはうちでやろうよ」という緊張感のない態度になり、どうも近年も来た道に感じますが、いつの間にか「うちって立派なものだよ」「俺たちって偉いよね」という意識が生まれていく。そこまで行ってしまった当時のエリートたちは正直なところおめでたい。向上心を失って、京都に引きこもり、その外には出ない。

こうした実態ですから、当時の彼らの知性を高く評価することはなかなかできない。そうした彼らが、仏教や神道を本当に信じていたのかどうか。批判的、研究的に理解する力がない彼らだけに、けっこう信じ込んでいたのではないかという気がします。

しかし知性を駆使して神様仏様を疑ってかかり、思索を突き詰めた果てに「信じる」に至ったという張り詰めた信仰ではなく、「鰯《いわし》の頭も信心から」といった比較的ぬるい信心だった。この時代の日本人の精神自体がだらんと緩んでいて、「信じる」といっても、どうもシャキっとしない。非常にぬるい仏教が信じられていた。正確にいうと、信じるということが深化していなかったのだろうという気がします。

キリスト教にあってこの国の仏教にないもの

まさにそうした状況で、仏教、神道に大きな変化が生じます。俗なる秩序の流入です。世俗世界の秩序が、聖なる秩序に流れこみ、影響を与えていくことになるのです。

当時の朝廷では、皇室出身者が一番偉い。その次に摂関が偉い。その下に藤原の貴族など下級の貴族が仕える。さらにその下に一般人がいる。こうした貴族の上下関係の秩序が、仏教世界にもそのまま持ち込まれるようになりました。仏教の世界で偉い人は、要するに生まれがいい人だったのです。

しかし生まれによって仏教における秩序が決まってしまうというと、一生懸命修行する人は馬鹿みたいだという話になります。こうした状況では、深みのある仏教哲学が出てくるのはなかなか難しい。もはや魅力的な仏教が生まれてくることはなくなり、はっきり言えばぬるい仏教が、この時代、展開していくことになりました。

たとえば「天台本覚《ほんがく》論」という議論が当時よく語られたそうです。「天台本覚論」には草木国土悉皆成仏《そうもくこくどしつかいじょうぶつ》という言葉があります。すべてが成仏する。つまり一般的には自我がないように見える草や木、石、そういうものも成仏するのかしないのかという話です。

正直、そんなことはどうでもいい話だと感じませんか。その議論には、民衆をどう救うか、民衆の心をどう救済するかという大事な視点が欠けている。「キリスト教にだってそれはない」という反論はあるでしょう。キリスト教でも高い身分の貴族出身者が教皇になったりするわけですし。たしかにそうした面もあるのですが、しかしカトリック世界であればサクラメント、七つの秘跡の一つに「告解《こっかい》」がある。

映画やドラマでよく見る場面ですが、神父さんが小さな部屋に入り、その部屋の向こう側に信者さんが入って「私はこんな罪を犯してしまいました」と懺悔《ざんげ》をする。それを聞いた神父さんが「それはよくない。あなたは一週間、教会の掃除をしなさい」などと、罰を言い渡す。しかしそれによって「だけどあなたの罪は神の名のもとに許されました」という許しを与えるわけです。そうした許しのシステムが仏教にはないのです。

懺悔という言葉は使われるのですが、これは一般の人たちを救うのではなく、お坊さん同士が罪を告白し、許し合うというようなときに使われる言葉です。もちろんキリスト教であっても、告解によって情報を得た神父さんがそれを利用して未亡人を脅し、寝取ってしまったといった話が『デカメロン』などに書かれている。美しいことばかりではなかったのですが、しかし少なくとも民衆を救う意思と方法論があった。そうしたところに注目してみると、私はキリスト教よりも仏教は一段落ちるのかなと感じてしまうのです。

ただ、そうした「ぬるさ」ゆえに、逆に言えば異端審問のような苛烈さは、仏教にはない。それは非常にいいことで、魔女とされた人が裁かれることもないわけです。

しかも仏教の場合はキリスト教のように禁欲は説かれない。いや、説かれないわけではないのですが、ちゃんとお坊さんはお坊さんで楽しむことになっているので、男色も花盛りです。この辺り、張り詰めた精神性というものが日本仏教にはないのですね。だから仏教は親しみやすい。私たち世俗の人間にフレンドリーな宗教ということになるのかもしれません。

仏は実在しないとバレていた！

そうした平安時代の状況をよく表しているのが『梁塵秘抄《りょうじんひしょう》』に出てくる歌です。『梁塵秘抄』は後白河上皇が編纂した歌集ですから平安時代でも末期から鎌倉時代の初めのものになりますが、その中に次のような有名な歌があります。

仏は常にいませども　うつつならぬぞあわれなる　人の音せぬ暁に　ほのかに夢に見え給う

（常に仏がこの世の中に出てこないことこそが非常に趣がある。仏はほのかに夢に出てくる存在だ）

要するに仏は、ちょろりと見えるのがいいのだと。まさに後の世阿弥（一三六三？―一四四三？）の「秘すれば花なり」のようですが、すでに仏が実在しないということがバレているのですね。こうした人たちにとって、信仰とはどのようなものだろう。しょせん、命をかけてまで信じるものではなかったのではないか、という気がするわけです。

では仏教は影響力がないのかというと、そんなことはない。たとえば、日本人は肉を食べませんね。仏教界には殺生戒《せっしょうかい》というものがあって、生き物を殺して食べることはしないように、という定めがある。これは、生活習慣の中に入りこみ、きちんと守っていた。そう、慣習のレベルでよく作用するんです。哲学としてでなく。

しかしそうした中で、武士が生まれてくる。武士は基本的に狩りを行う人で、生き物を殺します。そして狩りの技術の延長上で戦い、相手を殺す存在です。つまり武士とは「よき武士であろうと思えば人殺しに手を染めざるをえない」という、非常に罪深い存在として現れてくる。そうした罪深い武士と、日本のぬるい仏教との関係は、どのような形になっていくのでしょうか。

武士の台頭と「南無阿弥陀仏」

実際問題、当時の仏教と対峙していたのは貴族でした。彼らは恵まれた階層の人なので、そこまで切実な悩みというものがない。自然に、ひたむきに信心して救いを求めるということもなかったのかもしれません。

しかし鎌倉時代が始まる頃になると、民衆のほうから救いを求める動きが出てくる。その時、民衆の先頭に立っていたのが武士でした。

人殺しを生業《なりわい》とするという罪深く、救われない存在。それだけに武士は「自分が救われるためにはどうしたらいいのか」という疑問を抱いていた。「どうにかして救ってもらいたい」という気持ちがあった。そうした武士を先頭にして、エリート層ではなく、民衆たちが「自分たちはいったいどうすれば救われるのか」ということを追求しはじめます。

その時に、法然（一一三三―一二一二）の出した答えが「南無阿弥陀仏《なむあみだぶつ》と唱えなさい。そうしたら極楽浄土に往生できます」でした。

南無とは「帰依する、おすがりする」という意味で、「南無阿弥陀仏」とは「阿弥陀仏におすがりする」ということになります。

法然自身の教えによれば、お金を使ってお寺を建て、仏像を造り、塔を建てる。そうした行いでもし本当に救われるのであれば、救われるのは金を持っている連中だけ。大多数のお金を持っていない人々は救われないことになる。また経典を読んで勉強することが救いにつながるのであれば、知的エリートは救われるが、圧倒的多数の字も読むことのできない民衆は救われない。それから厳しい修行によって救われるというのであれば、意志の強固な人以外は救われないことになる。

　では、多くの人々を救うためには、どうしたらいいのか。彼らは金もなければ知もなく、強固な意志もない。しかしそうした人々でもただ「南無阿弥陀仏」と唱えさえすればいい。「そうすれば救われるのだ」。

　私はこれを知ったときに法然という人は、きわめて素晴らしい宗教者だと思いました。それをさらに先鋭化していくのが弟子の親鸞（一一七三―一二六三）や、一遍（一二三九―一二八九）であるわけです。法然の教えが親鸞を経て一遍にいたると、「阿弥陀様のお計らいによって、あなたは生きているだけで極楽往生は決まっている。つまり南無阿弥陀仏と唱える必要すらない。あなたたちは阿弥陀によって救われる幸いな存在であるから踊りましょう」という形になり、踊念仏《おどりねんぶつ》というものが出てくる。しかしそうなると「仏自体をちゃんと信じなさい。信じなければ地獄落ちだよ」という、人を律する厳しさはなくなります。

　親鸞はある弟子に「あなたは、本当に阿弥陀仏を信じていますか」と問われました。それに対して親鸞は「私が信じているものは阿弥陀ではない。我が師である法然の言葉を信じているのだ」と答えます。

「師が『南無阿弥陀仏と唱えることで誰でも極楽往生できる』と言うのであれば、私はその言葉を信じ、広めていく。もしも師に騙されたというのであれば、私はそれでも構わない。私は法然を信じている」

親鸞は、そのような理論展開を行ったわけですが、これは言ってしまえば、救いの仏としての阿弥陀仏の実在について「本当にいらっしゃって、救ってくれるのですね」と質問されて「さあ？　でも先生がそう言っていたから」と答えるようなものですから、それでいいのかという面があります。ここにおいても「信じる」という行為の掘り下げが、なかなか見られない。ただ、あまりに信じることに特化してしまった、狂信者のような集団をそう簡単には出さないところが、日本人の知恵、賢さなのかもしれません。

狂信と距離を置いた日本人の知恵

『広疑瑞決集《こうぎずいけつしゅう》』という本があります。その登場人物は上原敦広という武士と、信瑞というお坊さん。「広疑瑞決」とは上原敦「広」が疑い、信「瑞」が決するということ。要するに上原の問いに、信瑞が答えるという構成です。その本の中で驚くような問答が交わされているのです。

上原敦広は諏訪地方の御家人だったようです。諏訪地方には上原城があり、後に武田信玄はそこを拠点とするのですが、その辺りの武士だったらしい。その彼が信瑞に対して「我々武士は、在地領主として民から収奪し、まさにその血税でお寺をつくり、あるいは仏を供養する。それで仏は喜んでくれるのか」と問いかけます。

それに対する信瑞の答えが凄い。彼はなんと「喜ばない」と答えるのです。「仏は喜ばない。仏は常に民が幸せであることを願っている。だからあなたがやるべきことは、お寺をつくることでも、仏を供養することでもない。民を愛し、民にいい暮らしをさせる。それが仏をいちばん喜ばせることなのだ」と言い切る。

こうした考えが生まれてきたことは、私は素直にすばらしいと感嘆します。でもそれは、仏の実在という視点からすると、どうなのでしょうか。本当に仏がいるのなら、それを信仰する我々は、自分が食べられなくても食物を仏に捧げるべきじゃないか。かわいがっている動物の命を奪い、仏の供物とする国や地域すら今なおあるわけですから。その点で、信瑞の教えは、とても賢くて貴いけれど、宗教本来の厳しさがない、ともいえるのです。

この信瑞は、最近になって知ったのですが、法然の正統的な孫弟子にあたる僧侶です。彼は、なんと北条時頼にも会って教えを伝えています。その話を聞いて思い出されるのが、北条時頼を支えた北条重時、またの名を極楽寺重時の存在です。第三章で述べたように、この人は時頼の祖父の北条泰時の弟、すなわち大叔父にあたり、京都の六波羅探題として

第二の幕府を切り盛りしていた。そして兄の孫の時頼が新たな執権になるとともに鎌倉に帰ってきて、彼を支えた。やがて自分の娘を時頼に嫁がせ、そうして生まれた息子がモンゴルと戦った北条時宗です。この重時が浄土の教えの大変な信奉者なのです。

「民を救え」という浄土の教えが幕府の政策に

重時が京都で信仰をもったきっかけは、徳大寺という上流貴族の家との交流。この徳大寺家には「極楽往生」を遂げた人の伝承が残されています。

当時、極楽往生を遂げることを、みなが願っていました。亡くなるときにいい楽の音が聴こえてきたとか、得も言えぬよい香りがしたとか、観音菩薩が迎えにきたとか、そうした逸話があると「あの人は極楽往生したらしい」と語られることになる。そうした当時の人々の憧れを考えると「阿弥陀仏にすがれば極楽浄土に行ける」という法然の浄土の教えは、やはり大きな力を持っていたことでしょう。

徳大寺実基《さねもと》（一二〇一―一二七三）が後嵯峨上皇（一二二〇―一二七二）に提出した意見書の中にも、信瑞の答えと同じ意味で、しかももっと簡潔な言葉があります。

「神は民が喜べば喜ぶのだ」

非常にわかりやすいですね。重時は、こうした教えの影響を受け、さらに重時が鎌倉幕府に影響を与えた結果として、北条時頼は「民をかわいがれ」ということを標榜し、政治の場において「撫民《ぶみん》こそ自分たちが果たすべき役割である」と言うまでになる。浄土の教えが社会的な力を持ち、ついには鎌倉幕府の政策にも影響が見られるようになるのです。

ただ幕府の政策にまで影響力を持つようになったことは事実なのですが、では幕府の偉い人が本当に浄土の教えを信じていたのかというと、どうなのでしょうか？

極楽寺重時自身は、教えに忠実でした。しかし北条時頼になると、彼自身の政策のために宗教を利用しているような雰囲気もなくはないのです。民の生活も視野に入れることで幕府の統治はより進化したものになり、ひいては武士のためにもなる。しかしそんな理屈を説いても、当時の鎌倉武士の知性では理解されないでしょう。なにしろ、極楽寺重時でさえ、息子たちに「腹が立っても家来を殺してはいけない」と書き残さなければならなかったほどのレベルです。そこに「民を救え」という教えがあり、その教えを政策へと転化していくことで、ひとつの武器になるという状況があった。どうもその状況を利用している匂いがしなくもない。

北条時頼は、浄土の教えだけではなく、禅宗に非常に興味をもった人でした。むしろ時頼と浄土の関係は、これまで誰もまだ注目してこなかった。時頼といえば禅宗。鎌倉五山の一つ、建長寺を建てたのが彼なのです。時頼は、中国から来た蘭渓道隆《らんけいどうりゅう》（一二一三―一二七八）というお坊さんのために、建長寺を建てました。

「信じる」のではなく、すべてを疑う禅宗

この禅宗という宗派は、そもそも特定の仏に帰依するということが基本的にない。それどころか「仏に会えば仏を殺せ」という言葉を持っています。「すべてを、仏でさえも相対化しろ」というのが禅宗であって、つまりそこは絶対的な信心はないのかもしれない。ここが禅宗の面白いところです。

たとえば善悪について、ふつう人は「善いことは善い、悪いことは悪い」と考えます。江戸時代、会津の「ならぬことはならぬのです」というシンプルな教えは有名ですね。しかし禅宗は「それは決めつけである。善とは何か考えてみろ。悪とは何か考えてみろ。それは相対的なものかもしれないぞ」と言う。

あるいは、宗教が私たちに対して突きつけてくる最大の問題として、私たちが宗教にすがるときのいちばんの問題として、「死」がある。死は怖い。生は楽しい。しかしそれは本当か。疑ってみる必要があるのではないか。そうして生と死の単純な二元論を相対化し、乗り越えていく。それが禅宗の立場、方法論です。

私は、禅宗の考え方は、西洋哲学におけるヘーゲルの弁証法を何百年か先取りしていた

ように思う。ヘーゲルの弁証法では「正・反・合」といって、「正」という一つの概念に対して、「反」が成立し、両者を止揚して「合」が生まれる。その「合」がまた新たな「正」となり、という形で常に変容し、どんどんより高次な存在へと上がっていく。そういう意味で言うと、すべてを疑ってかかり、すべてを相対化し、思索を高めていく禅宗の考え方と通じるものが感じられます。

しかし、そこに確たる信心はない。たとえば建長寺では、いちばん中心的なお堂の仏像は地蔵菩薩。ただのお地蔵さんだったりします。またこのお寺は、先に述べたように蘭渓道隆から中国の教えを受け継いでいるわけですが、法堂《はっとう》の二階部分には、中国の道教の影響が感じられる、私たち日本人はよく知らぬ神像などが入り混じって置かれています。

真言宗であれば大日如来、天台宗であれば釈迦如来という形で、その宗派に中心的な仏様がいるのが普通なのですが、禅宗にはいない。どうも禅宗は特定の仏像を提示して「さあ、これを拝め」というのが得意ではないのですね。そうしたところに禅宗の面白さ、すごさがあると私などは思います。禅宗の特徴は「徹底的に信じる」ことではなく「徹底的に考える」ところにありました。その禅宗に時頼は興味を持ち、やがて武士の宗派として取り入れることになります。

室町幕府と禅宗

室町時代のはじめにも、先の『広疑瑞決集』と同じように、武士と僧侶の間で交わされた大切な問答が残っています。幕府の政治を司った足利直義と、僧侶の夢窓疎石《むそうそせき》（一二七五—一三五一）。この超大物二人が『夢中問答』という問答を交わしているのですが、そのなかで足利直義は、「本当に人々を救ってくれるのが仏なのですね」と問い、夢窓疎石は「その通り」と答える。しかし直義は「だが私にはどうしてもわからないことがある」と重ねて問う。

「本当に仏に信心をして、欲を離れ、仏教が教えるような形で、悪いことは決して行わず、善いことばかりをする。しかしそのような人がどれだけ報われているかというと、大して報われていないように思われる。どうして仏は報いてくれないのだろうか」。現代の私たちもぜひぜひ知りたい、鋭い問いかけです。

これに対して夢窓疎石は、先の信瑞のようには、はっきりと答えてくれないのです。彼は「あなたはこの世のことだけで、因果関係を考えている。それではいけません」と答えた。「因果関係というものは前世から始まっている。だからこの世でどれだけ信心をしても、前世で悪いことをしていたら仏は応えてくれないのです」と。

私などは、「なにはぐらかしているんだ。このインチキ坊主」と思うわけです。証拠もなにもない前世を持ち出されたら、もうなにをやっても意味がないですよね。私は夢窓疎石のこの答えを読んだときに唖然《あぜん》としました。しかし、どうもそれが禅宗の流儀なのです。東大の史料編纂所の先輩にも禅宗のお坊さんがいました。私は禅宗の教育者に質問してきたのですが、なにを訊いてもきちんと答えない。はぐらかされるのです。

そこがキリスト教などと違う、禅宗の特徴なのだと思います。キリスト教であれば「これは罪ですか」と訊くと「あなたは罪を犯しました。悔い改めなさい」あるいは「あなたは正しい。きっと天国に行けるでしょう」と、きちんと答えてくれる。しかし禅宗はよくいえば常に相対的、正直に言えば鵺《ぬえ》みたいな答えで、とうとう前世まで持ち出してくるわけです。

しかし知性的な足利直義はそのように言われながら、自分の理性というものを常に相対化させるトレーニングをしてきた。そして民の暮らしをどうしたらいいのかと常に考えていた。この時代、室町幕府のもとで禅宗は大隆盛を迎えることになります。

鎌倉幕府の時とは違って、この室町幕府の時期に、武士は知性を獲得することになります。ただ、これはどちらが卵か鶏かわかりませんが、知性を獲得することと、何かを信じることがどうにも一緒にならなかった。禅宗によって相対化のトレーニングを積み、知性が磨かれたために、なにかを信じることもしなかった。それが室町時代の状況だったと思います。

室町時代に実践された神明裁判

これを発見したことを、私は私を褒めてあげたいのですが、室町時代に行われた神明《しんめい》裁判の事例が、二件残っていました。神明裁判とは、その人が罪を犯しているかどうか神に証明してもらう審判の方法論。具体的には、たとえば、手足を拘束して水に放り込み、もし本当のことを言っているのなら、その人は浮かぶ。しかし沈めば、嘘をついていると判断する。

この神明裁判を日本では盟神探湯＝「くがたち」という形で行うのですが、その記録が「御前落居記録」という、六代将軍足利義教（一三九四―一四四一）の時代の史料に出て来ます。「落居《らっきょ》」とは裁決するという意味。当時の訴訟について、義教自身が「これはよし、これはこうしろ」と判断した記録なので「御前落居記録」と呼ばれます。

もともと「くがたち」が、古代律令国家で行われていたかというと、行われた証拠はない。調べてみると、もっと昔、武内宿禰《たけしうちのすくね》とその弟が争ったときに「くがたち」が行われたと『日本書紀』に書かれています。そうした律令以前の古い時代には各地で行われていたようですが、律令国家が成立したのちは消えてしまう。しかしそれが突然、一四〇〇年代に姿を現します。

事件を裁くのは幕府の奉行人。奉行人の元締めが将軍義教です。奉行人たちは、AとBが争っている事件のなかで、「この熱湯に手を突っ込んでみよ。お前の言い分が正しければ火傷はしない。しかし嘘をついていたら火傷をする」と言って、手を入れさせるのです。このやり方は湯起請《ゆぎしょう》とも言って、神の前で「私は真実を述べている」と誓わせ、湯に手を入れさせます。このときは、Aの手が焼けただれたので「お前は嘘をついている」ということで、敗訴となった。

もう一件では「湯起請を行うから、京都までやってきなさい」と告げたら、出てこなかった。語るに落ちたということで、その人物の敗訴となる。

ここで考えてほしいのですが、真実であろうが偽りであろうが、煮え湯に手を入れると誰でも火傷するわけです。ということは、奉行人たちは、察しているのですね。すでに「Aは嘘をついている」と目星を付けている。だけど、証拠がない。Aに負けを認めさせられない。だから湯起請を持ち出した。神を使ったわけです。

同じことが一三世紀のハンガリーでも行なわれています。さすがにキリスト教会はもっとえげつなく、焼けた鉄の棒を握らせた。この場合も、教会の神父さんは本当のところがほぼわかっている。悪い人は、だいたい焼けた棒を握る前に尻込みしますから、そこで

「お前は悪い奴だ」とばれてしまう。おそらくこうした原理は、いろんなところで使われてきたのでしょう。

神前のくじ引きで将軍となった足利義教

ここで私たちが気づくべきことは、先の「御前落居記録」の元締めである足利義教のこしかたなのです。この人はくじ引きを通して神意を問い、将軍となった人。「くじ引き将軍」だったのです。

義教の前の五代将軍足利義量《よしかず》（一四〇七―一四二五）は若くして亡くなり、四代将軍足利義持（一三八六―一四二八）が再度、政治を見た。この場合は「四代が重ねて六代になった」と数えず「四代」のままなのですが、その義持が子どもがいないまま亡くなる。亡くなる間際、家来の重臣たちが「次の将軍は誰に」と尋ねたのですが、義持は「お前たちが決めろ」と答えた。しかし「いや、我々が決めるわけにはいかないでしょう」ということで、重臣たちは、義持の四人の弟（みな出家していた）を候補にして、くじを四つつくった。それぞれに四人のうちの一人の名前を書いて封印。石清水八幡宮《いわしみず》の社頭で、時の管領である畠山満家（一三七二―一四三三）が一つを引いた。結果、名前が出たのが青蓮院《しょうれんいん》義円、すなわち足利義教でした。

それで義教が六代将軍となるのですが、おそらく、四つのくじにはすべて「青蓮院義円」と書かれていたのではないでしょうか。皆さんは「いや、そんなことはあるまい。ちゃんとくじを引いたのだ」とおっしゃるのですが、私はこれは八百長だったと思うのです。

このときに実際にくじをつくったのは三宝院満済《まんさい》（一三七八―一四三五）という真言宗醍醐寺の僧侶。この人は当時の室町幕府で、いわゆる「黒衣の宰相」と言った形で強大な権力を持っていた。将軍からの信頼も厚く、諸大名からも重く見られていた。この満済がくじを書き、そして今で言えば総理大臣のポジションにいた畠山が石清水に行って引いた。つまり二人が気持ちを通わせれば、八百長は簡単に成立するのです。下手すると満済一人ででも、できたわけですが、畠山と満済はとても親密な関係にありました。となるとこれはやはり二人が仕組んだ出来レースだったのではないか。

先の湯起請の事例で確認したように、ちょうどこの時期、人の世でなにかを決するときに、神を便利に使うという発想はあったわけです。ということは、石清水八幡宮の名前を借りて八百長を成立させたという経緯は、十分にあり得たのではないでしょうか。

その根拠なのですが、義教が将軍となると、満済はすぐ准后《じゆごう》に任じられています。准后とは、太皇太后、皇太后、皇后に次ぐ人。つまりもはや皇族扱いで、最高の栄誉なのですが、それに任ぜられている。だから彼が書いた日記を『満済准后日記』と言うわけです。

これは明らかに論功行賞でしょう。

問題は、宗教者である満済が、石清水八幡宮の八幡様を信じていたのかどうか。もし純粋に、深く信心していたのなら、神の名を使ってイカサマなどやっていいはずがない。それを踏まえて満済の日記を読むと、宗教的な精神世界というものを、丸ごとは信じていなかったと感じられる箇所がいくつかある。仏に対しての敬意はもっている。心から頭は下げる。しかし実在を信じていたかというと、信じていなかったのではないか。満済だけではなく、この時期の人は、あまり深い信心はしていなかった気がします。まあ、証明は困難ですが。

信長に虐殺された一向宗

室町時代の次にくる戦国時代となると、これはどうしても一向宗について考えなくてはなりません。

かつて親鸞は「本当に阿弥陀仏を信じてるのか？」と聞かれて、「私は阿弥陀仏ではなく、師の法然を信じているのだ」と答えたわけです。この人ほどの知性の持ち主であれば、そうした答えもありですね。しかし一向一揆の人たちは「自分たちが死ぬと極楽に行くことができる」と、真面目に信じていたのかもしれない。そう信じていないと、あの織田信長と戦うことはできなかったのではないでしょうか。

信長と戦った結果、一向宗の人たちは大虐殺されてしまいます。まず伊勢長島で二万人が殺され、そして越前一向一揆では一万二千人か三千人もの人が殺される。その戦いはたいへんに凄惨だったようですが、そこには純粋な信心、つまり阿弥陀仏を信じる心があったのではないかと思います。

同じことが「島原の乱」（一六三七）のときのキリスト教にも起こります。この乱では一揆勢が籠城した原城で三万人もの人が死んだとされる。信長が一向一揆で虐殺した人と同じくらいの人が命を落としたことになりますが、今でも原城に行って、少し地面を掘ると人の骨が出てくると言われます。

一向一揆の場合は、一揆を起こすほどひどい政治が行われていたという話は聞きませんが、「島原の乱」の場合、島原藩の松倉重政（？―一六三〇）、勝家（一五九八―一六三八）という親子がとんでもない重税を課していた。乱が終わった後、大名である松倉勝家は、なんと幕府から打首にされています。大名が責任を負って切腹をするケースはありますが、斬首されるのは前代未聞、松倉勝家ただ一人です。この人物がひどい政治を行った、ということを幕府でもつかんでいたのでしょうね。それほどの圧政の下で暮らす地域の人々は、本当に神に、キリスト教にすがるしかなかったのかもしれません。

踏み絵を踏むべきか、踏まざるべきか

そのキリスト教ですが、豊臣秀吉が一五八七年にバテレン追放令を出した。この辺りからキリスト教と天下人との関係性が破綻していくのですが、秀吉がなぜ追放令を出したかについては諸説あります。

たとえば、宣教師もそんなコスパの悪いことをするほど馬鹿ではないと思うのですが、キリスト教勢力が日本に軍隊を送り込もうとしていたという説。また、日本人を外国に売っていたことが秀吉の逆鱗《げきりん》に触れたという説もあります。さまざまな説があるのですが、とにかく秀吉はキリスト教の布教を禁じた。

ただしこの時点ではキリスト教の大弾圧までは行っていない。秀吉は自分の配下の大名たちに「キリスト教を棄てろ」とは言うのですが、心の中のことまでは干渉しないという態度でした。「本当のところまでは知らん。しかし表向きは棄てろ」と彼は言ったのです。

しかしそれは、真のキリスト教は許してくれないのですね。表向きは棄教して、心の中で信仰する、なんて都合の良いことは許されない。「踏み絵を踏んで生きるよりも、十字架に磔《はりつけ》となって死ぬべし」というのが、キリスト教なのです。だから大名たちも、もし本当にキリスト教を信仰していたのなら、たとえ表向きでもやはり棄てることはできなかったはずです。ですがこの時、黒田官兵衛（一五四六―一六〇四）や蒲生氏郷といった大名は、

表向き、信仰を棄てます。

彼らは、キリスト教に非常に魅力を感じていたし、棄てた後も心の中でキリスト教に敬意を表するなり、信仰するなりしていただろうと思う。しかし、表向きでも棄てたということは、神の実在までは信じていなかったのではないかと思います。逆に、表向きでも棄てることができずに領地を没収された高山右近（一五五二―一六一五）のような人は、本気で信じていたのでしょう。

こうした経緯を考えたときに思い出されるのが、遠藤周作の小説『沈黙』（一九六六）です。私なりに要約してみます。この小説のなかでは、日本に来て、布教し、弾圧にあった宣教師が「神よ、どこにいらっしゃるのですか。あなたのことを信じている者がこんなに酷い目に遭っているのです。なぜ沈黙されているのですか？　神よ、どうかお声を聞かせてください」と問う。そうすると「私はお前とともにある。だからもしも踏み絵があるのなら、お前は踏んでいい。お前の苦しみは私の苦しみだ」という神の声を聴いた。そうした形で答えが出るのです。しかしこの遠藤周作の答えに対して、当時のキリスト教はそれを批判した。

「これは本当のキリスト教ではない。キリスト教徒であるならば踏み絵は踏んではいけない。殉教しなさい」

それがキリスト教の考え方なのです。この『沈黙』を二〇一六年にマーティン・スコセッシ監督が映画化したのですが、映画版でもやはり同じ展開があり、宣教師は「神よ、あなたはどこにいらっしゃるのか」と問いかけ、そして主人公の宣教師は踏み絵を踏む。表向き、キリスト教を棄てるのです。それを描くのだからスコセッシ監督は凄いと思いながら観ていましたが、宣教師の彼は日本人として死ぬ。しかし常にキリストというものを心に抱き、信仰を密かに持ちながら死んでいく。

この映画が発表されたとき、日本はともかく、バチカンは何も言わなかった。スルーして、問題にすることはなかった。だからキリスト教も、かなり考え方が変わってきているのでしょうね。しかしキリスト教の本質からいうとこのとき、「お前の選択はキリスト者のものではない」ということになるのです。

信じてしまったことの結末

どうも日本では「神にすがる」「神に寄り添う」「神に頼る」ことはいい。その結果も素晴らしいことが待っている。たとえば北条氏が政治家として撫民に覚醒してみたり、室町武士の知的レベルが上がってみたりする。

しかし神を信じてしまうと、一向一揆の虐殺であったり、原城のキリシタンの迫害であったりと悲惨な結末をたどってしまう。

天草四郎（一六二三？―一六三八）をはじめとする原城における犠牲者たちは、バチカンの判断では今のところ、そこに純粋なキリスト教はないということになっています。カトリック教会では、高い徳を示したとされる信徒が亡くなった後、福者《ふくしゃ》や聖人に列することがありますが、島原の犠牲者たちは福者にも列せられていません。

キリスト教を棄てず、マニラに追放となった高山右近は一六一五年、マニラに着いたとたんに、長旅の疲れで亡くなりますが、彼は福者に列されています。高山右近以外でも、この時期に殉教した人は福者や聖人としてふさわしいと判断される人が少なくないですが、原城からは可哀想なことに誰も福者になっていません。

その後の隠れキリシタンも、マリア観音への信仰があるなど、かなり本来のキリスト教とは違うということで、殉教しても列福《れっぷく》されることはない。列福が行われないと、教会が建てられないのです。教会を建てるためには、そこに聖遺物が必要なのですが、列福された人の遺骨があれば、文句なしにそれを聖遺物にすることができる。しかし聖遺物がないと、教会は建てられないのですね。

ヨーロッパの教会に行くとイスラム教との戦いで戦死した人のミイラなどが置かれています。そうした宗教戦争の苛烈さとは、日本の場合は縁が薄かった。

それを考えると、平安貴族のことを無能集団のように私は言いましたけど、日本人は基本的に、宗教に対して賢明だったのかもしれない。そんなにかんたんに信じない。神を絶対のものとして信じるためには、どこかで一線を越えて跳躍する必要がある。それはそれで偉いことではありますが、日本人の場合は、そんな無理をせず、自然に、自然の中で、自然とともに暮らしてきた。

これは神田千里先生の論文に出てくるのですが、戦国時代にやってきた宣教師が、日本人の道徳意識の高さに驚いているのです。日本人は盗みも働かないし、人を騙そうとしない。食べたものもきれいに片付ける。このような人々は見たことがない。そういう意味で、非常に道徳心の高い人々である。と、宣教師の評価は極めて高かった。

日本人は、お天道様に恥ずかしくない生き方をしようとする。これも、お天道様といっても、太陽神を信じているわけではないのですね。信仰ではない。しかし道徳を持っている。宣教師にしてみると「こんな心がけの人々なら、キリスト教を持ち込めばみんな帰依するだろう」というところだったのですが、実際に布教するとほかの東アジアの国のようにはぜんぜん広がることはありませんでした。

疑うな。信じろ。――皇国史観が招いた運命

日本の歴史学では、いちばん最初のところから「きちんと証拠を押さえたものでしか歴史をつくらない」という実証的な立場を取る人と、「『太平記』や『平家物語』など物語に書かれたようなことでも使うことができる。物語も許容していかないと歴史から日本人の精神が失われてしまう」という立場の人の争いがあった。前者の代表が重野安繹《しげのやすつぐ》（一八二七―一九一〇）。後者の代表は川田剛《ごう》（一八三〇―一八九六）。この二人の立場がぶつかったわけです。

結果、勝ったのは重野安繹で、物語も歴史に包含しようとした川田は下野して、その後、國學院大學などに行くことになります。

勝利した重野はガチガチの実証主義を推し進め、歴史上、実在の証拠がない人は「この人はいませんでした」、事件についても「これは歴史的事実として認められません」という態度で、証拠がないものは徹底的に潰してきた。それでついた異名が「抹殺博士」です。この重野安繹が拓いてきた歴史学が、東大の史料編纂所の歴史学となりました。

ところが後に、川田の亡霊のような形で「歴史の物語性」が蘇った。皇国史観です。皇国史観は「天照大神の子孫が天皇である」ということを言いたいがために、天の岩戸だったり、イザナギとイザナミの国生みだったりと、神話まで歴史学の中に取り込んでしまった。天皇礼賛の文脈の中で、歴史に物語を取り込んでいったわけです。私は皇国史観の特質とは、要するにそこにある、と考えています。

その皇国史観の論理的指導者が、平泉澄《きよし》（一八九五—一九八四）という東大の教授でした。その平泉は「歴史学という学問で大切なものは、信じることなのだ」と言っています。

たとえば「神話は本当にあったことなのか」と疑いを持つ人がいる。「しかし我々日本人としては、それは信じるしかないではないか」と彼は言います。史料編纂所は「これは事実か、事実ではないか」と検証する学問をやっているが、それは滅びの道である。「信じることによって、我々は豊かな歴史を手に入れることができるのだ」。彼は、そこまで言明していました。

しかし、日本は神の国であり、負けそうになったら神風が吹くとか、万世一系だとか八紘一宇だとか、そんなことを信じてどうなったかというと、三百万人もの人が亡くなってしまう悲惨な結果を招いたわけです。

やはり日本人は信じてはいけない。常に疑ってかかるくらいでいい。そういう意味で言うと、禅宗の立場がいちばん日本人にいい影響を与えてきたと言える気がします。

第五章

地位より人、血より家——世襲が、強い

ポストに意味がなかった日本社会

日本の社会はポストではなく人本位で動いてきました。しかし、人本位といっても、血の繋がりは意外に重視されず、どうやら「家」が重要らしい。

私がこうした問題を考えるようになった契機は、先の天皇の退位でした。こうした時、天皇陛下と呼ばないと怒る人もいらっしゃるかもしれませんが、一応、学問的な話なので「陛下」をつけずに呼ばせていただきます。

天皇が位を退き、皇太子に譲るという意向を明らかにしたときに、いろんな問題が起きました。中でも個人的に興味を引かれたのは、共産党の志位和夫委員長が「お気持ちは理解できる」と発言していたこと。天皇制を事実上、容認している共産党があるとは、実に日本の政党らしくていいですね。

日本の国民のほとんどは、ご高齢でしたから「お疲れさまでした。どうぞごゆっくりなさってください」という気持ちだったと思います。一部、右派ポピュリズムの政治家などには「反対」と言う人もいましたが、圧倒的大多数の賛成ということで退位自体は問題なく行われた。ですが、いろんなことを決めなくてはいけない。たとえば位を降りた後は、どのような呼び方にすればよいのでしょうか。

歴史を勉強している人ならば「上皇」と呼ぶのが常識で、この尊称は中学や高校の教科書にも出てきますね。うちの妻なども官邸に呼ばれて意見を求められたのですが、「上皇がふつうだと思います」と答えてきたそうです。

しかし聞いたところによると、嫌がる向きもあったと言いますね。上皇というと、日本でいちばん偉い人のはずの天皇をさしおいて、黒幕のように権力を握る人というイメージにならないか。上皇には院政というマイナスイメージがあり、漠然とその名前自体にアレルギーがあったらしい。ですが結局、上皇ということに決まった。

私はこの時、ヨーロッパの王室の例などを調べてみたのですが、あちらでは生前に退位する例は少なくない。王様がまだ元気なうちに退位を行い、お嬢さんなり息子さんなりに王位を譲ることはむしろ主流なのです。ところが、私はそこで愕然としたのですが、ヨーロッパにおいては、退位した王様のことを呼ぶ名称がないのです。そもそも名前がない。だから「先の国王」とか「前国王」とかそういう言い方をするしかない。

もちろん「前国王」にも名声もあれば、財産もあるでしょう。国民からの尊敬もあることでしょう。しかし名称がないということは、基本的には王様が退位するとただの人になることを意味します。

ヨーロッパでは王様のポスト、王位というものにすべての権威、権限がともなう。王位に就いているから王様は王様なのです。だから王位を他の人に譲って退いたら、もはや王様ではなくなり、権限も返上してただの人になる。そうした感覚なのですね。

しかし私の日本史研究者としての常識で考えると、天皇が退位すると上皇になる。そして上皇のほうが偉いのです。天皇として力を振るっていた人物が、上皇になってその権力を手放すということはない。天皇より偉い。これが当たり前だと考えていたので「ポストを退くとただの人になる」というヨーロッパの発想には驚きました。

近代社会では人ではなくポスト

しかし日本でも、特に若い人たちは「権限はポストに伴う」という感覚の方が、普通かもしれません。

会社組織を考えてみると、課長や部長がなぜ権限を持つかというと、そのポストにいるからです。課長が、部長になり、そして役員になれば、役割にともなって権限も大きくなる。そして給料も上がります。そして部長で定年退職したり、ポストを降りたりすると、権限もなくなって、ただの人になる。こうした状況は会社組織であれば当たり前で、つまり現代のシステムであれば当たり前の状況です。

ということは、現代の日本社会の組織というものは、ヨーロッパの感覚でつくられている。そのためか、ネットなどを見ていると、天皇と上皇のどちらが偉いかというと、一般の方は「それは天皇でしょう」と答える人が多い。「上皇を決めるのは天皇。つまり上皇という存在のありようを決定するのは天皇なので、だから天皇のほうが偉い」というわけです。

しかし上皇をフルネームでいうと太上天皇。「太上老君」という言葉が中国にあって、これは道教のいちばん偉い神様のこと。つまり太上とは「すごい」とか「スーパー」という意味で、だから太上天皇とは「スーパー天皇」。それを縮めて上皇なわけですから、そこを考えても、上皇のほうが偉いということがわからないのかなと思います。

でもそんな発想が古いのですね。現代のシステムに慣れている人たちにとっては、決定権はそのポストにともなうもの。だから上皇よりも、決定権を持つ天皇が偉いと考えるのでしょう。

それに、一般の人だけではない。イスラム研究の大家である山内昌之先生にも「歴史的には上皇のほうが偉いのです」と説明しようとしたのですが、山内先生も「え、天皇が一番偉いんだよね？」とおっしゃるわけです。この機微を説明するのはなかなか難しい。「天皇を退いた上皇のほうが偉い」という日本のありようが変わっているのだと実感することになるわけです。

ではヨーロッパでは、位を降りてただの人になった王様が、さらに政治の実権を握るようなことはないのか。院政のようなやり方はないのか？　というと、調べてみるとこれがない。では中国はどうでしょうか？　こちらでは基本的に皇帝は死ぬまで皇帝です。位を降りた皇帝は、次の皇帝よりも偉くない。そうした状態が嫌だから、死ぬまで皇帝でいるのがふつうであって、そうすればいつまでも権力者でいることができる。

結局、院政に似た政治形態があったのはベトナムでした。ベトナムの陳王朝のなかで院政に似た形態が見られるのですが、それだけ。世界史的に見ても院政は珍しいのですね。日本史研究者が、院政は常識だと考えていたら「いやいや、これはけっこう特殊例なのだとやっと気がついた」という、みっともない話です。

いかなる場面でも天皇より偉かった上皇

ただ上皇のほうが偉いといっても、政治的な場で公式にどちらが偉いかという話と、二人の間の個人的な、私的な関係性の中でどちらが偉いかという話は厳密に切り分けなければならない。公の場ではAさんが偉くとも、私的な空間であればBさんのほうが偉いということはあるわけです。

そういう意味で言うと、政治の権限を手放さないのが上皇だとしても、上皇と天皇が同時にいる私的な空間では、どちらが偉いのでしょうか。

これもやはり、上皇のほうが偉いのですね。天皇がいて上皇がいる場合、上皇は天皇のお父さんか、お祖父さん、あるいはお兄さんということもあります。つまりは儒教的な言い方でいうと、「目上の人」ということになりますから、これは当たり前なのかもしれません。

しかし「目上が偉い」というのは、あくまでプライベートの話です。ではオフィシャルな場面で、公的には天皇のほうが偉いかというと、実は公私を切り分ける、という発想自体が日本にはない。オフィシャルでもプライベートの区別なく偉い人は偉いし、偉い人は権力を手放さない。これがふつうなのです。

「朝覲行幸《ちょうきんぎょうこう》」という、天皇が上皇のところにご機嫌をうかがいに行く儀式があります。天皇が上皇のところに行くと、上皇が門のところまで出迎える。そこで挨拶をします。そのときにどちらが先に「ご機嫌いかがでございますでしょうか」と頭を下げるかというと、やはり天皇なのです。それに対して「うん、元気でやってるよ」と応えるのが上皇。だから上皇はそんな状況でも天皇より上なのですね。こうした状況があるのが、世界的に見ても異色な、日本の一つの特色です。

現代社会では、公的な空間と私的な空間では、その立場立場に従って、人間関係を入れ替えて使うということがある。たとえば学校の先輩と後輩みたいな感じでしょうか。大学や高校で、先輩と後輩として仲良くやっていた後、社会に出た。ところが会社に入って三〇年くらい経つと、先輩を抜いて後輩のほうが偉くなった。

そうした時、会社では、いかに先輩であってもそれは私的な話。今は上司の後輩に対して先輩は、「こちらで進めてもよろしいでしょうか」という感じで丁寧な言葉を使う。後輩も「それでよろしく」と対応する。しかし二人で飲みに行くとプライベートの関係に戻って「いやあ、先輩、今日は皆も見てるからああいう感じでしたけど、よろしくお願いしますよ」という会話になることもあるわけです。

このようなことは現代の社会ならばありますし、ヨーロッパであれば当たり前のことなのかもしれません。しかし前近代の日本ではない。偉い人は公的にも私的にもともかく偉い。そういう形になります。

そうしたことを考えると、日本人には「客観的にポストというものが存在して、それに就いた人間が権限を持つから偉い」という感覚が、そもそもなかったのかもしれません。だからポストというものに対しても、執着がない。

「関白」を利用した秀吉のアイディア

豊臣秀吉は自分が天下人である印として「関白」というポストを選択しました。「私は関白です。だから偉い。皆さん、頭を下げなさい」と。これは非常に巧いやり方だったのですが、なぜ彼がこのような手をつかったかというと、そこには徳川家康の存在がありました。

秀吉は「小牧・長久手の戦い」（一五八四）で家康と戦いましたが、そのとき秀吉は、家康を単純な戦闘では負かすことができなかった。

秀吉は明智光秀を打ち破り、柴田勝家（?—一五八三）を打ち破ってきましたが、家康を戦場に引きずり出して戦ったときには、家康を負かすことはできなかった。もし総力を挙げて家康に挑めば勝っていたかもしれませんが、そうして家康を滅ぼしたとしても、自分自身も相当のダメージを被ってしまう。そう秀吉は判断していたらしい。

当時の秀吉には、まだ四国に長宗我部がいて、九州に島津もいる。関東では北条が頑張っている。東北には伊達政宗（一五六七—一六三六）のような大名がいるという状況で、敵対する可能性のある勢力がまだまだいた。そうした状況を踏まえて「ここであまり力を消耗したくない」と判断したのでしょう。

そこで秀吉は巧い手を思いついた。それが、朝廷の官位を活用すること。朝廷のポストを十分に使いこなすことで、家康の従属を勝ち取ろうという考えだったのではないかと、私は見ています。

秀吉が、そうした非常に面白い手を思いつくアイディアマンだったという評価は、だいたい研究者の間でも共有されている認識ですが、朝廷のポストを持ち出して家康を従属させようとしたところにも、彼の資質がよく表れていると思います。

記録を改竄して関白に

ただ、朝廷はものすごく伝統にうるさい組織ですから、秀吉が「自分を朝廷でいちばん偉い人にしてくれ」と申し入れても、どうしても「それには手順がある」という話になる。突然、河出書房新社の執行役員にしてくれと言っても、それはまず副編集長をやって、そして編集長になり、局長をやって、やっと役員になれるんだ。そのコースを踏まずにいきなり役員になるのは、変な前例をつくってしまうからできません、と言われるような話です。

秀吉もその手順は、形だけ踏まえる。しかし実際にはズルをして偉くなります。「公卿《くぎょう》補任《ぶにん》」という、朝廷のいわば紳士録のような、何年に誰がどういう役職に就いていたかといったことをみな記載した記録があるのですが、彼はそれを改竄《かいざん》して偉くなるのです。記録を改竄して、過去に必要な官職についていたことにして、関白になってしまった。

そして徳川家康には大納言を与えて、「お前は大納言で、俺は関白」という「自分のほうが上」という状況をつくり出した。

ただしこれは会社員の人はよくわかると思うのですが、上司と一般の社員の間に上下はあるとしても、それはあくまで仕事上の関係。もちろん主従関係ではないわけです。秀吉は、自分が天下人となるためには、ほかの大名たちと主従関係を結び家来にする必要があった。しかし家来になろうとしない家康を懐柔するために、朝廷の序列を取り入れたわけですが、朝廷の序列は会社員と同じ。上下はあっても、主従関係ではない。それをあえて取り入れることで「徳川は並みの大名と違う」と尊重する姿勢を見せつつ、序列を世間に対して可視化したわけです。

もっとも最終的には、ポストだけで家康を懐柔することはできませんでした。手を尽くして外堀を埋め、家康が重い腰を上げて秀吉に会いに行くことになり、正式に会見が行われる。その前日に秀吉が家康のところへやって来て、彼の手を握って頼みこんだという話があります。「家康殿、あなたは信長様の盟友だったが、私は信長様の家来だった。だから筋から言えばあなたのほうが格上だ」。ヤクザで言えば秀吉は親分の子分で、家康は叔父貴になるわけですから、家康のほうが格が上なのです。

「そのことは自分もよく知ってる。しかし世のため人のため、平和な世の中をつくるために一肌脱いでくれ。俺はあなたのことを尊重するけれども、明日の会見ではあなたを家来として扱う。よろしくお願いする」と言った。

家康もよくわかっていて、翌日の会見では「秀吉様」と呼びかける。今後は私が戦の指揮をいたします。秀吉様に戦場に出馬するご苦労はおかけしません。秀吉のほうは鷹揚に「おお、家康。これから励めよ」と応える。単なる上下でなく、主従関係が設定されたのです。そんな猿芝居が行われたと伝えられます。この逸話自体は嘘だったでしょうが、ふたりの微妙な関係性を表す、絶好の話ではあります。

関白を譲られた秀次の運命

そうして秀吉は天下人になりました。しかし秀吉が関白を選んだのはあくまで手段。それに関白になったからといって、なにか権限が手に入るのかというとなにもない。なにも変わらないのです。秀吉が実力で獲得したものが大事であって、だからこそ皆「秀吉は偉い」と感じている。関白というポストは、あくまで「秀吉の天下人としてのポジションをどういう形で世間に示すか」という意味しかなく、なんでもよかった。秀吉の実質に、関白であることが関与することはなにもないのです。

それがよくわかるのが、秀次事件ですね。秀吉は、自分に子どもが生まれ跡継ぎを授かることをずっと切望してきましたが、ようやく鶴松という子どもが生まれた。しかし大喜びしたものの、二歳で亡くなってしまう。秀吉は落胆し、そしてもはや子どもはできないと諦め、甥の豊臣秀次（一五六八—一五九五）を後継者に定めた。それまで後継者候補の一番手が秀次、二番手が後に関ヶ原で西軍を裏切る小早川秀秋（一五八二—一六〇二）だったのですが、もはや秀次を後継者として正式に定め「これから一生懸命やれよ」ということを言って、そうして関白職を譲った。

関白というポストに権限と権力が付随しているのであれば、これで秀次が天下人です。秀吉は引退という形にならざるを得ないのですが、秀吉が生きているのに「関白職を降りた秀吉より、新しく関白になった秀次のほうが偉い」などと受けとめる人は誰もいない。関白職を退いた人を太閤と呼ぶわけですが、秀吉は太閤殿下として天下人であり続けたし、秀頼が生まれると、秀次はあっさり殺されてしまいます。

ちなみに太閤という名前は、秀吉のためにつくられたわけではありません。関白や摂政だった人がその地位を降りた後も大きな力を振るい続けている場合に、昔から使われて来たものでした。たとえば、これは私の博士論文のテーマでもあるのですが、鎌倉時代に九条道家（一一九三—一二五二）という人がいて、二〇年に渡って朝廷でリーダーシップを発揮していた。この人が摂政関白をやり、その後、降りてもなお権力を維持し続けていたときに太閤、あるいは大殿と呼ばれていたいます。

若い後輩に「いちばん古く大殿と呼ばれたのは誰か」というところから大殿の変遷を研究している人がいるのですが、私としてはその研究には「ご苦労さん」というしかない。繰り返しますが、摂政関白や大殿という地位に権力がついてくるわけではない。人間がまずいて、その人が権力をもっている場合にふさわしい名前として「大殿」が使われただけですから、そこに本質はない。後輩に厳しいことは言いたくないのですが、そうした研究にはあまり意味はないと、先生がきちんと言ってあげなくてはならないと思います。

摂関政治も院政も天皇の補佐役ではない

そもそも摂関政治というのはなにか。天皇が女性や子どもである場合に立つのが摂政。天皇が成人男性である場合に立つのが関白。だから摂政と関白が両方置かれるということはありえません。秀吉は関白になりましたが、通常は藤原氏が関白として政治を行なった。

この摂政、関白について「天皇の補佐役」という言い方がよくされるのですが、厳密にいうとこれは間違いです。摂政と関白は、天皇の代わりに判断をする人なのです。「補佐役」というと、天皇の周辺に左大臣や内大臣などのブレーンのグループがあり、関白はそのトップ、というイメージになります。しかしそうではない。天皇に代わって、天皇の役割を果たす。関白となった藤原氏は実質的にトップであり、政治的には天皇として扱われるのです。

この摂関政治に続いて現れたものが「院政」でした。藤原氏の場合は、娘を天皇に嫁がせて、天皇の義父、あるいは母方の祖父として関白となり、実権を握った。それが父方になるだけで、今度は「院政」になるのです。母方が権力を握ると摂関政治。父方であれば院政。これは非常にわかりやすいでしょう。上皇の院政もまた、補佐役ではなく、上皇が天皇の代理として、政治をやるものでした。

面白いことにこの摂関政治と院政の変遷は、ちょうど家族制度の変化に対応しているのです。平安時代は、『源氏物語』に出てくるように、招婿婚《しょうせいこん》でした。婿《むこ》を取る。しかしちょうど院政がはじまるあたりで、嫁取婚に変わっていく。そうすると自然に、父方のほうがより権力が強くなる。こうした家族制度の変化とともに、政治の権力も関白から上皇へ、母方から父方へと移行していく。これでだいたい説明がつきます。

そうした流れの中で異分子が出てくる。源頼朝です。頼朝は征夷大将軍のポストを得た。これまで長く「征夷大将軍というポストに任命されることで、頼朝は軍事のトップに立った」という解釈が行われてきました。征夷とは、蝦夷を征する者。その大将軍に任命されたということは、つまり僻地である関東やさらに僻地の東北の人々を西の統治に服させるために、武力を発揮することを認められた。そのように頼朝は大きな権限を手に入れたのだ。そう解釈する人が大半でした。

だからこそ、彼が征夷大将軍に任命された一一九二年が「いい国つくろう鎌倉幕府」ということで、鎌倉幕府がはじまった年と解釈されてきたわけです。

しかしそれに対して、私が『武士から王へ』（ちくま新書）という本の中ではじめて「征夷大将軍というポストに意味はなかった。源頼朝という人の実力に見合うものならなんでもよかった」と指摘しました。そう、あれは別に征夷大将軍である必要はなかったのです。中国風に大司馬とか、都督などそうした名前でもよかった。

そのことを私は提起して孤軍奮闘……、でもないな。誰にも相手にされなかったのだから。

征夷大将軍に特別な意味はなかった

しかしなんとその後に内大臣を務めた中山忠親（一一三一―一一九五）の日記『山槐記《さんかいき》』の、これまで未発見だった部分が見つかった。そこに頼朝任命に関する記述が、ちょうど一一九二年に、頼朝に征夷大将軍を与えるところの記事が見つかったのです。

その記事によると、まず頼朝は「自分のことを大将軍にしてください」と申し入れてきた。この場合、将軍とは近衛大将《このえのだいしょう》です。頼朝はすでに右《う》近衛大将《こんえのだいしょう》でした。右近衛大将、左《さ》近衛大将《こんえのだいしょう》は常置の職で、一応は大将となっていますが、軍事を担当する職でもなんでもない。強そうなのは名前だけで、もともとは貴族が就くものです。

頼朝は、その右近衛大将、将軍ではあったのですが「自分は、他の貴族の皆さまとは違う。ただの将軍ではなく、大将軍にしてください」と言ってきたわけです。

おそらくそのことは、後白河上皇の存命中から申し入れていた。しかし後白河上皇の政治センスはさすがで、「あいつに大将軍などの名を許すとますますつけ上がる」ということで、就任を差し止めていたのだろうと思います。

ところが上皇が崩御し、もう怖いものがなくなった頼朝はあらためて朝廷に対して要求した。朝廷も「はい、差し上げましょう」ということになった。

『山槐記』の記事によると、大将軍でもなにが一番、縁起がいいか考えているのですね。中身ではない。あくまで縁起のよしあし。最初は「惣官《そうかん》」や、「征東大将軍《せいとうたいしょうぐん》」が候補に挙がった。しかし惣官は平宗盛（一一四七―一一八五）に、征東大将軍は木曾義仲に与えた官職。それで結局、平宗盛も木曾義仲も滅びてしまったわけで縁起が、非常に悪い。

ではいいのは何かということで「そうだ、坂上田村麻呂の成功例があるじゃないか」という案が出た。坂上田村麻呂は征夷大将軍に任命され、それなりに功績を上げて帰還し、生涯をまっとうした。彼の就いた征夷大将軍が縁起がよくてふさわしいとなる。頼朝も「ありがとうございます」といただくのですが、しかし実はすぐに辞めているのです。だから頼朝にとっても征夷大将軍はあくまで名前だけで、別にそのポストが武士にとってなにか特別な意味があるわけでもなければ、権限がそこに含まれているわけでもなかった。「これをいただいたからこそ、俺はこれをやることができるのだ」というなにか特別な意味は、なに一つなかったのです。

言ってみれば、私が博士号をもらったからといって、それは本質的な意味はなく、名前だけであるのと似ています。

頼朝にとっての征夷大将軍も名前だけ。そう考える一つの根拠としては、頼朝は、征夷大将軍を辞めてしまった後に、「前将軍家政所下文」という、役所が主体となった命令書を出しています。自分の役所のことを「前《さき》の将軍家の政所」と呼んでいるわけですが、一つだけ「前右大将家政所下文」という命令書も残っている。つまり頼朝本人にとっては、自分のことを「前の征夷大将軍」と呼ぶのも、「前の右大将」と呼ぶのも、それほど変わりはなくどちらも使っていたことがわかります。

将軍が偉いのではない。偉い人を将軍と呼ぶだけ

さらに頼朝が、おそらく脳卒中だったのではないかと思われるのですが、急死する。その後に息子の頼家が後を継ぎますが、誰がそれを決めたのか、認めたのか、というと、鎌倉幕府です。もっとも「鎌倉幕府」というと、そこにきちんとしたシステムがあるように感じられますが、実際はなにもない。「源頼朝とその仲間たち」という集団だととらえるのが、一番しっくりくる。頼朝が亡くなって、残された「仲間たち」が、次のリーダーとして頼家を担ぐことにしたのです。

この時点で、頼家は二代将軍としてふさわしい存在になった。つまり朝廷から征夷大将軍に任命されて初めてトップになるのかというと、そんなことはない。頼家が征夷大将軍になったのは、頼朝が亡くなって三年後ですが、それまでも幕府のリーダーを務め、トップとして振る舞っているのです。

将軍というポストに意味はなかった。室町幕府の六代将軍である足利義教が、その辺りの実情を露骨に示しています。この人は第四章で述べたように、四人の候補者の中からくじ引きで選ばれた将軍でした。ただ、当せんしてすぐ、朝廷が彼を征夷大将軍に任命したわけではなかった。そこには、いかにも朝廷らしい手続き上の問題があったのです。

将軍の血縁の男子で将軍にならない人は、将来、政治に頭を突っ込むことがないように、

お坊さんになって人生を送ることがだいたいふつうでした。だから将軍候補の四人もみな、元僧侶でした。義教も元お坊さんだったので、頭を剃っていた。それで、ここが馬鹿馬鹿しいところですが、朝廷がいうには、官職につくためにはまず元服しなければならない。元服するには元服の儀式を行う必要があるが、儀式では烏帽子《えぼし》を頭に載せることになる。しかし頭を剃っていては、載せることができない。そのことを朝廷は問題視するわけです。「頭の毛が伸びるまで元服の儀を行うことができない」と朝廷は言う。

坊主頭で将軍になってなにが悪い

しかし足利義教は、どうやら短気ですぐにイラッと来る人でした。「髪が伸びるまで儀式はできない」という朝廷に「すぐに政治に取り組みたい。征夷大将軍にしてくれないと、始められない」と申し入れるのですが、朝廷はあくまで、まずきちんと手順をふんで征夷大将軍になることにこだわる。その時に朝廷側は義教に、「もしここに覇王が現れたらどうするか」と言い出しました。

「覇王とは？」と思うところですが、貴族は中国の古典をよく読んでいますから、その世界観にもとづいて義教を説得しようとするわけです。中国の春秋時代には覇を唱える人物、覇王がいた。ここは「幕府の将軍に対抗できるほど強い力を持った人物」ととらえておけばいいのですが、そうした人物が現れて勝手に政治をはじめてしまったら、そのとき義教は、なんといってその人物を否定するのか。

もし征夷大将軍に任命されていれば「おまえは征夷大将軍に任命されていないが、自分はされている。だから政治を行うことができるが、おまえはできない」と、自分の正統性を主張することができる。

「だからあなたはきちんと手順を踏んで、征夷大将軍になってから政治をはじめてください。征夷大将軍になるためにはそれなりの時間が必要ですが、それまでは政治にタッチしてはいけません」と朝廷は言うわけです。これに対して義教は「そんな悠長なことを言ってられるか」と、坊主頭を布でつつんで政治を始めてしまいました。

鎌倉幕府の頼家の場合は、仲間たちが「二代目は頼家さんだ」と認めたら、それでよかった。征夷大将軍であろうが何であろうが関係なく、政治をやっていい。トップとして振る舞っていいということになった。

同じ様に足利義教も、室町幕府を構成する人々が「俺たちの次のトップは義教さんだ」と認識し、その認識を共有していれば、義教はそれだけでトップとして振る舞ってよかった。戦争が起これば大将として出陣するし、リーダーとして政治をやっていいのです。

朝廷は「いやいやいや。朝廷が出すポストは大事ですよ」と言うわけですが、それは当然で、朝廷側にしてみれば「自分たちが与えるものは、あなたにとってものすごく大事です」と言いたい。それだけ、自分たちの存在もまた大事ということになりますから、これは当然のことです。しかし結局、義教はポストなどに構わず、頭を包んで政治を始めてしまう。この辺りから朝廷の力は完全に下降線で、武士の力が朝廷をはるかに凌駕《りょうが》するという形になったと言えると思います。

逆に言えば、朝廷はポストを与える存在として生き延びていたわけです。錦《にしき》の御旗《みはた》を出す存在として存続していたということが、義教の将軍就任のときのごたごたでよくわかります。

織田信長の「三職推任問題」

そうした状況でさらに戦国時代になると、天下人として信長が出現し、続いて秀吉、家康が出現することになる。

信長については「三職推任《さんしきすいにん》問題」という議論が取り沙汰されることがあります。一五八二年、「本能寺の変」が起きるその年に、朝廷側から信長に対して「関白か太政大臣か将軍か、この三つのうち、どれでも好きな職に就いてください」という申し入れがあった。信長は、「わかりました」とは答えたのですが、具体的にどの職をのぞむか回答せずに京都から帰る。その後、「本能寺の変」が起こって命を落としたものですから「信長は一体何になろうとしていたのか」という謎が残ってしまった。これが「三職推任問題」です。この問題を考えることで、「信長は一体どのように朝廷を捉えていたのだろうか」という視野も導かれることになります。

京大の大学者の朝尾直弘先生はかつて「信長は神になろうとしていた」という意味のことをおっしゃっていました。信長には、安土城に盆山という石を置いて「これを俺だと思って拝めと言った」という逸話がありますが、朝尾先生はこれを「信長はすべてを超越した神になろうとしていた」と解釈した。信長は右大臣を一度やって辞めていますが、朝廷から提案された関白、太政大臣、将軍の三職についても、今さら興味がなく、どの職にもつくつもりはなかったと見なしていらっしゃいました。一時は皆、だいたいそのように考えていました。

しかし最近になって、だいぶ潮目が変わってきた。「信長はどれかになろうとしていたのではないか」。さらに言うと「将軍になろうとしていたのではないか」という論調に変わってきています。私自身はその見方には反対で、信長ほど高度にオリジナリティのある人が、さて朝廷からポストをもらうことにありがたみを感じるものでしょうか。

彼は、安土城の天守閣に住んでいた。中国の偉い人の絵を描かせたり、インドの仏教の仏様を描かせたりした障壁画に囲まれて起居していた人です。岐阜という名前。天下布武。そうした信長の世界観を想像すると、「自分は仏よりも中国の孔子たちよりも偉い」と考えていたのではないでしょうか。そんな信長が朝廷のポストをありがたく思うはずがない。信長は案外、皇帝になろうとしていたのではないでしょうか。そう私は考えています。

彼は、関白、太政大臣、将軍のどれにもなろうと考えていなかった。それどころか天皇の存在自体を抹殺する方向で動いたのではないか。そう考えることにはきちんと論拠はあるのですが、今のところ誰も賛成はしてくれないでしょう。

今谷明先生が「足利義満は天皇になろうとしていた」という趣旨の本（『室町の王権――足利義満の王権簒奪計画』）を書いてベストセラーになりました。これについては一時盛んに議論されましたが、私の友人である新田一郎君は「その議論は大雑把すぎる。足利義満が天皇になるということは、義満が天皇権力を否定したのか。それとも今までの皇室に代わって義満が天皇になることで、万世一系は崩れるものの、天皇という存在は存続するのか。そのふたつは分けて考えなければならない」と指摘していました。この指摘はもっともなのですが、現在ではそもそも今谷説が力を持たなくなり、消えてしまいました。

私は、万世一系の天皇という存在が、もっとも危険にさらされたのは、義満よりも、信長の時ではないかと考えています。ただ、信長が自身の考えを表明し、その構想を実行に移す前に、本能寺で命を落とすことになりました。

家康は征夷大将軍になる前からすでに武士のボス

秀吉は、先にも述べたように、「小牧・長久手の戦い」までは、朝廷の官職について興味を持たなかった。それが、家康を正面から叩き潰すのが難しいとなったときに、突如として官職を手に入れようとして動き出し、関白になった。これは完全に目的ではなく手段でした。その意味で言うと、秀吉も基本的には「官職は使えるならば使う」という捉え方だったと見ていい。

家康はご存じの通り、征夷大将軍になって江戸で幕府を開いています。しかし信長、秀吉の段階ですでに、朝廷の与えてくれる位についてはずいぶんと乾いた感覚だったわけですから、家康の当時、征夷大将軍にそこまで意味があるかといったら、とりあえずなかったと私は思います。

「頼朝が鎌倉幕府を開いたのはいつか？」これは先に述べたように、彼が征夷大将軍になった一一九二年説は現代では支持されず、その前の一一八五年にすでに鎌倉幕府は成立していたという解釈が一般的です。

では「足利尊氏が室町幕府を開いたのはいつか？」。以前は尊氏が征夷大将軍になった一三三八年とされていましたが、現代では建武式目がつくられた一三三六年が定説になっています。

となると家康も、彼が征夷大将軍になった一六〇三年ではなく、「関ヶ原の戦い」の勝者となった一六〇〇年に、徳川幕府を開いたと見てよいのではないでしょうか。

関ヶ原の戦後、家康は大名たちに「お前は俺のために戦ってくれたから、領地を倍にしてやる。お前は敵に加担したから領地没収。お前はさらに積極的に敵に回ったから切腹な」と、彼個人の意志で天下の戦後処理を行っています。だから私は、一六〇〇年の段階ですでに家康は天下人になった。江戸幕府はそこから始まったと見ていいのではないと考えています。その三年後に家康は征夷大将軍になりますが、それはもう本当にオマケのセレモニーでしかなかったのです。彼はやがて将軍職を息子の秀忠に譲りますが、大御所様として天下人であり続けます。

システムづくりが苦手な日本人

日本においては、ポストに意味がなく人本位。しかしポストが連なって全体のシステムになるわけですから、日本人はシステムをつくることが、どうも苦手だったのでしょうね。

そうした中でも一番、きちんとしたシステムをつくったのは朝廷です。

朝廷は、律令にもとづいて人事システムをつくった。律令は中国から取り入れたものですから、人事システムも中国の真似をしてつくられたことになります。しかしそれを運用してみたら、日本に合わないところがある。そこで要らないポストは削り、どうしても必要なものは、律令の外にある官、令外官《りょうげのかん》として新しくつくった。そうした形で朝廷の政治は行われます。

ただ実際に朝廷政治を行う上で重要な官職は限られます。多数の官職がある中で、この官職は関係ない、この官職は名前だけ、しかしこの官職は大事だ、という差はある。その大事な官職がまさに秀吉が関白に昇進していくときに、どうしてもそれを経由する必要があったという官職なのですが、見ていくと半分が令外官なのです。

そこは朝廷の貴族たちは頑張ったのかもしれない。中国のものを取り入れはしたが、そのままでは日本に合わなかった。そこで半分くらいは自分たちでつくって、取り替えたわけです。そこは頑張った。ただ、そのシステムを、なんと明治維新までずっと後生大事に使っていくわけです。

本来、人事とは面白いものだと思うのです。机の上に紙を置いて「このポストの下にこのポストをつけて、このポストと平行してこのポストをつくって」といった具合に人事をいじるのはきっと面白いことだろうと思うのですが、それを全然やらないのですね。

後に幕府が実権を持ちますが、鎌倉幕府のシステムなんて本当になにもない。将軍頼朝がいて、その下は侍のことをまとめる侍所の長官、そして政治的なことと経済的なことをまとめていっしょに担当する政所の長官のポストがあるだけ。あとはなにもない。

室町幕府も、そこまでポストはあったわけではない。江戸時代にはようやくポストが増えていきますが、日本人は、本来的にシステムづくりが苦手なのだと思います。システムをつくる才能が欠けているのでしょうね。それが特色です。

ポストの名前を考えるセンスからして日本人には希薄。『三国志』などを見ると、中国人の肩書きはやたらと長い。もちろん長ければいいというものでもなく、現代でも、妙に肩書きが長い人の名刺をもらったりすると「うわ、凄い。でも実際に機能しているのはどれだけ？」と思ってしまうものですが。

面白いのは、官職が人の名前にもなること。たとえば伊勢守や美濃守などは、本来は、現代の県知事にあたる官職だったわけですが、やがてこれが一つの集団のなかでの人間の序列を表すようになる。「俺は伊勢守で、お前は美濃守だね」。これだと同格で、そのように名乗ることのできない人は序列が下。

すでに中身はないのですが、さらに戦国時代になると、もはやただの名前として使われるようになります。武田家中に美濃守がいるし、上杉にもいる。日本全国に美濃守がいる。

そうした人は美濃＝岐阜となんの関係もない。さすがに同じ家中にふたり美濃守がいるということはなかったようですが。

日本人はシステムではなく、家に帰属する

日本においてはポストがなにも約束してくれない。システムではなく人本位だった。さらに詳しく見ると、個々の人の連なりではなく「家」を基本にして社会が動いていた。

このことを考えるときに、参考になるケースが源頼家です。先に述べたように、頼家は頼朝の息子として、リーダーだと認められました。その時にまず根拠としたのが、彼が頼朝の血を受け継ぐ息子であったこと。これは自然だと思います。息子であることが、頼朝の後継者にふさわしい。

頼朝には、頼家のほかにも実朝という子どもがいましたが「兄弟の中でも後継者は、長男だ」という発想になる。しかし、こうした「長子相続」のシステムは、この時代まだ完成されていません。そもそも頼朝が三男です。しかしお母さんの家がいいので、生まれたときから跡取りとして大事にされてきたらしい。

これが江戸時代の徳川幕府では母の家の格も、本人の出来不出来もまったく関係なく、とにかく一番年上の子が継ぐことになります。江戸時代になると、儒教が完全に日本社会

に入り込み、徳川幕府もこれを国の教えにしていた。儒教では長男が確実に偉い。兄弟の順番が明確になって「長幼の序」が圧倒的な強さで確立されます。

その背景にあるのは、これほど女性を蔑視した言葉はないと思いますが、「腹は借り物」という発想。母はどんな人でも構わない。頼朝のように「お母さんがいい家だから」と配慮する余地はなく、とにかく最初に生まれた子に跡を継がせると決められている。その子が亡くなってしまったら、次、また亡くなったらさらに次。そうした形でルール化し、相続のたびにお家騒動が起こるリスクを防いでいました。

しかし武士の権力体が立ち上がったばかりの鎌倉幕府では、ルールは完成しておらず、相続もまだまだ試行錯誤があります。とりあえず、頼朝とともにがんばってきた仲間たちは、頼家をトップとして選びましたが、その後すぐに「一三人の合議制」がつくられて、頼家は実権を奪われてしまう。後継者として一応は認められましたが、武士たちの間には「俺たちの上にこんな若造が立つのは嫌だ」という空気があったのでしょう。鎌倉幕府という権力体は生まれたばかりでしたから、その辺りはまだ揺れ動いていた。

血の継続は重視されない。家が発展すればいい

ただ先に、頼家が後継者として認められた根拠として「彼が頼朝の血を受け継ぐ息子で

あったこと」と述べましたが、それは本当にどこまで根拠になるのでしょうか。

現代のネットスラングでも「托卵《たくらん》」という概念がありますが、「実は血をわけた子ではなかった」という事態はあり得るわけです。

現代のドイツの場合、子どものDNA鑑定は妻の同意がないとできないそうです。日本では同意がなくともできるのですが、ただしそれで「ほぼ、あなたの子ではありません」という結果が出たとしても、奥さんを罪に問うことはむずかしい。つまりドイツでも日本でも、托卵された場合はお手上げということですね。

私はヨタを言っているようですが、こうした現代事情もまた日本史を考えるにあたって、ひとつの視点を提供してくれます。それは「本当に血のつながりが大事なのか？」という問い。

この時期の話として知られるのが、平清盛のこと。『平家物語』には、はっきりと清盛は白河上皇の子であると書かれています。しかも、そのことを父の忠盛も知っていた。忠盛は自分の妻として、白河上皇から美しい姫をいただくのですが、その姫のお腹にはすでに子どもがいた。忠盛は上皇にそのことを申し上げます。上皇は忠盛に「生まれた子が女子であったら自分が引き取る。男子であれば、お前が引き取って平家の後継者にせよ」と告げます。

「え?」と感じる話ですが、そういうことで生まれたのは玉のような男の子。忠盛は上皇の言うとおり「私が育てて、跡取りにします」ということになりました。

この記述が事実かどうかで考えると、私は事実ではないと思います。考証は省きますが、あくまで清盛は、ふつうに忠盛の息子だったと見ていい。しかし『平家物語』は当時、朝廷の中でそれなりに広く読まれていた。そこに「清盛が上皇の子である」という経緯が事実として書かれているということは、当時の貴族社会ではそうしたやり取りが、ふつうにあったということでしょう。

言われてみれば『吾妻鏡』にも、今でいうところの「匂わせ」の形で、同じようなケースを暗示している記述があります。

現代の葛西の辺りに、葛西清重(一一六二―一二三八)という武士がいました。この人は頼朝に非常にかわいがられていたのですが、頼朝が自分の邸に来た際に、自分の妻を差し出したのです。そうして男女のことがあった結果として、生まれたのが清重の跡を継いだ男子である。そんな経緯を暗に語る記述が出てきます。つまり葛西の家は、清重ではなく、頼朝の血が入って続いた、頼朝の子孫だということになります。

またこれも有名な話ですが「尊卑分脈《そんぴぶんみゃく》」という、朝廷の正式な、いちばん参照された系図があります。これによると大友能直(一一七二―一二二三)と島津忠久(?―一二二七)のふたりは、頼朝の血をわけた子どもとして出てくる。大友能直は豊後の大友家の初代で大友宗麟のご先祖様。島津忠久は薩摩の島津の初代。彼らは頼朝の子であると書かれています。

この辺りのことを考えると、意外にも血にこだわることはなかった。大事なものは「家」だった。家が栄えるのであれば、血など繋がっていなくていい。ただ血にこだわらないと言っても、ありがたいのは偉い人の血に限られます。偉い人の子を頂戴できるのであれば、家の名誉で、格も上がる。

鎌倉幕府の源氏将軍は三代で途絶えることになりますが、その後は摂関家から将軍に来てもらい、さらに皇族を迎えるという形で、格が上昇していく。江戸時代でも、徳川家から養子をもらったり、徳川家のお姫様が来て子どもが生まれたりすると、これはもう、いちばん光栄な話。そうして家の格が上がることは大歓迎。これが日本のひとつの大きなルールでした。

武士は「家」のために命を懸ける

私たちの感覚で言うと、いくらえらい人の血であったとしても、自分のＤＮＡを受け継いだ子に財産を譲りたいという気持ちもあるでしょう。しかし当時は、家が栄えればいいのですね。

このあたりの感覚は、特に武士に強い。武士は主従関係を結びます。将軍と家来の関係。頼朝とその仲間たちが持っていた関係、それが主従関係。次の章でもあらためて述べますが、武士社会でいちばん重要な原則です。

「将軍権力とはなにか？」と訊かれたら、それは軍事と政治です。ではどちらがより重要かと訊かれたら、軍事。その軍事の根幹を構築する契約が主従関係です。

家来は主人のために戦場に出て、命がけで働く。主人は、自分のために命を投げ出して戦ってくれた家来に対し御恩を与える。その御恩とは、だいたい土地になるわけです。この「命がけ」というところが非常に大事。貴族にも主従関係はあります。天皇と貴族の間にも主従関係は結ばれて、貴族は主人である天皇のために働く。しかし彼らの社会では戦争はしない。だから命を投げ出して働くことまでは求められないのです。そこのところが明らかに武士の主従関係と違う。それゆえに、武士の主従関係を基礎として出てきた権力と、朝廷の権力とは、根本的に性質が異なる。ここは押さえておく必要があります。

鎌倉武士の戦闘は、一騎打ちが主流でした。鉄砲で撃たれるのであれば、ある意味一瞬ですが、鎌倉武士の戦いは苛烈です。まず弓を射ってそれで勝負がつかないと力比べになる。組んで相手を馬から落とし、小刀を抜いて、首をかき切る。なぜこんな激しいことができるのか。なぜ相手を殺して手柄を立てるようなことができるのかというと、家の繁栄という大目的があるため。戦場に出て命を投げ出して戦えば、たとえ自分が死んでも主人は必ず自分の家に報いてくれる。つまり土地を与えてくれる。土地は不動産で永遠の財産ですから、土地を得た家はいつまでも繁栄するだろう。そうすると自分は、家を繁栄に導いた功労者として、子孫たちに尊敬され、祀られていく。そうした思想なのだろうと思います。

仏教も神道も家本位

こうした考え方には仏教も関係してくるのかもしれません。これは第四章で述べたことですが、インドで生まれた仏教は輪廻転生がその本質でした。しかし中国で祖先崇拝へと変質し、その仏教が日本に入って定着する。だから日本の仏教は、仏事を行って、我が家のご先祖様の追善供養《ついぜんくよう》をする。お父ちゃん、お祖父ちゃん、ご先祖様を大事にするという感覚が非常に強い。

おそらくもともと日本にご先祖様をお祀りする感覚があったために、そこに仏教が入ってきた時、素直に「ああ、これはいいな」と感じることができたのでしょう。

神道のほうにも、ご先祖様を祀る考え方はあり、仏教が入ってきた後で整理され、体系づけられた日本神話でも「ご先祖様が高天原にいて、その子孫である天皇が日本を治める」という世界観になる。神話の世界でも、家とご先祖様が重要だったわけです。

皇室は「家」と「血」どちらが大事なのか？

ここでひとつの疑問が浮かびます。天皇の血の「万世一系の繋がり」と、今まで述べてきた「日本社会で重視される家の繋がり」は、どちらが重いのでしょうか。

天皇は、二六代の継体天皇から現在の天皇陛下に至るまで血が繋がっている。そこに疑問を持ってしまうと別の話になりますが、とにかく一般的にそういうことになっています。中心のところでこれほど血の継続が大切にされているのに、一般社会では、血にこだわらず、家の繋がりばかり着目されてきた。

「血の継続は、皇室にすべて任せた。皇室が繋がっているのだから、俺たち下々の血の繋がりはどうでもいいぜ」ということだったのでしょうか。この想定も一理ありますね。それとも皇室の血の繋がりも、昔の人はあまりこだわることがなかったのでしょうか。どちらなのでしょうか。

たとえば、道鏡は天皇になろうとしたと言われます。その彼の野望については皆「どこの馬の骨かわからない人間が天皇になるのは許せない」という形で否定した。これなどは

「やはり天皇の血の繋がりは大事だ」と見られていた事例だと考えられます。

しかしその一方で、血の繋がりをさほど高く評価してない事例もあって、それは後醍醐天皇が倒幕を企てたときに見られます。

後醍醐天皇は皇位に就いた直後から、「鎌倉幕府を倒す」と言い出した過激派でした。だから有能な貴族ほど「こんな人の傍にいたら、自分まで巻き込まれてしまう」と逃げ出してしまったのですが、踏みとどまって後醍醐天皇のために忠告をした貴族が吉田定房《さだふさ》（一二七四－一三三八）です。この人が後醍醐天皇を諫めた文章が残っています。彼は「幕府は強い。倒幕など考えないでください」と言います。

定房によると、中国では王朝が変わる。一つの王朝が衰退しても、次に力のある王朝が交替する。劉氏が没落しても、次に曹氏が台頭し、曹氏が没落しても司馬氏が頑張る。そうして刷新されていくので、全体で見ると常に必ず王朝の継続が図られる。ところが我が日本は万世一系。そのため、あなたが幕府に敗北したら、もう王朝が再起する見込みはない。だからうかつなことはしないでください。そうしたことを彼は言った。

定房は万世一系ではなく「天祚一種《てんそいっしょう》」という言葉を使っているのですが、意味は同じです。この場合、彼は万世一系がゆえに、もしその血が滅んだら再起ができないというリスクを見出している。万世一系を否定的に捉えているわけです。

日本社会では「血」よりも「家」

ヨーロッパの王室の場合、「王様になる血筋」というものがあります。たとえばハプスブルク家は、スペイン王やフランス王として、いろんな国の王様になっている。なかには自分が王になった国の言葉が話せないという人も出てくることになりますが、そうした形で、王様にふさわしい家から次の王様をもらってくるという発想があるわけです。

江戸時代の大名家にも同じような感覚があって、先代が身体が弱くて跡継ぎができないといった時に、よその大名家から元気な若い男子をもらってくるということをする。その時に血の繋がりは「母方で繋がっていれば上等」というくらいで、あまり考慮されない。

たとえば上杉家では、「忠臣蔵」の敵役として有名な吉良上野介（一六四一―一七〇二）の息子を養子に迎えています。その縁組が急だったので、三〇万石だった上杉が一五万石に減らされますます貧乏になるのですが、なぜ吉良だったのかというと、吉良上野介の奥さんが上杉家の人だったためでした。母方で血が繋がっているということで養子に入った。

しかしあの有名な上杉鷹山《ようざん》（一七五一―一八二二）はまったく血の繋がりはありません。ただ元気な若君で非常に優秀らしいということで、宮崎の高鍋藩から上杉に養子として迎えています。

跡継ぎがいなければ、その藩は幕府に潰されてしまう。だからもし、子どもがいない場合、とにかく養子を迎えなければ、今で言えば企業が倒産するようなもので、社員たちが路頭に迷うことになる。みなの生活がかかっていますから、藩の存続が第一。なりふり構っていられない。血の繋がりにこだわる余裕などはなく、なにがなんでも養子を迎えなければならないという事情があったのでしょうが、もともとの日本社会にあった「血の継続より、家の発展」という感覚が、こうしたところでより強く表れて、強調されているように感じます。

第二章で、豊臣秀頼が秀吉の実子であるかどうかという話にふれました。このことは学問の場でも議論になるのですが、私は、それはどうでもいいことであり意味のない議論だと考えています。

血よりも家。家というものを存続させたい。その力の強さを考えなくてはならない。重要なのは豊臣の家が繋がっていくことであって、秀吉が秀頼を「俺の子だ」として後継者に据えれば、秀頼は秀吉の子なのです。

E・トッドの家族形態論と日本史

エマニュエル・トッドさんが『世界の多様性――家族構造と近代性』という分厚い本を出していますね。私などは読んで「へえ！」と思ったのですが、トッドさんの家族形態論によると、いちばん最初に出てくる家族の形とは、お父さんがいて、お母さんがいて、子どもたちがいるという、「単婚小家族」なのだそうです。それが家族の基礎となるいちばん古い形で、東アジアでは中国に生まれた。

単婚小家族のあり方では、皆、お父さんお母さんの子であるということで、子どもたちは長男だろうが末っ子だろうが、等しく同じ権利をもっていた。それが長い時間が経って、次に出てくるのが「直系相続」。お父さんがいてお母さんがいて子どもたちがいるのですが、両親の後継ぎになるのは子どもたちの中の一人。他の子どもたちは皆、外へ出る。それが直系相続。

中国の場合、直系相続で家に残るのは長男。これは儒教の影響ですね。しかし遊牧民などであれば、末っ子が家を継ぐということもあります。そこはいろいろなのですが、ともかく子どもが一人、家に残る。

この直系相続が中国に現れる時期に、周辺では単婚小家族が生まれている。日本もこの時期に単婚小家族が生まれています。

さらに中国では「大家族」という形態が出現する。それはお父さんとお母さんがいて、何人かの子どもがいるわけですが、それぞれの子どもが配偶者を娶《めと》って、お父さんお母さんたちと一緒に暮らす。これが大家族です。この大家族が生まれた時期に、直系相続の家族形態が日本や朝鮮、ベトナムに伝わっています。

家族が変わると日本史も変わる

天皇の系図を見ていくと、日本が成立したあたり、天智、天武、持統、西暦七〇〇年くらいの時期が、単婚小家族から、直系相続へという家族形態の移り変わりと、ちょうどぴったり重なっています。それまで天皇は、兄弟の間で相続してきた。しかし天武天皇と持統天皇の子どもは天智朝と天武朝の戦いだと言われるほど、縦の繋がりにものすごく配慮して相続が行なわれるようになります。そしてやがて武士の世の中になる頃はもはや直系相続が主流になる。

日本では大家族にまで進むことはなく、ずっと直系相続の「一人の子どもがその家を継ぐ」という家族形態が続いていくことになります。

日本では、婿を迎えて母系で家が継承される招婿婚が、古くは行われていたと言われます。そうすると日本では母権が強かったということになりますが、私はそこに疑問を感じて来ました。

母系の伝統があるというわりには、天皇家の系図は、父方でずっと続いています。先に述べた「尊卑分脈」でも、父兄の系図は書かれても母方は記載されない。どうやら招婿婚とは、単婚小家族から一子相伝の直系相続に移行するときの、言わば鬼っ子で、移行形態だったと考えれば、ちょうどつじつまが合う。エマニュエル・トッドの理論を当てはめると、さまざまな発想ができるところがある。偉い人の考えることはやはり汎用性が高いですね。

第六章

日本社会は平等より平和を選び、自由をはぐくんでいた

貴族と武士の主従制

貴族社会と武士社会の性質は、さまざまな違いをもっています。その差異の代表として「主従制」を挙げることができます。

ここまで何度も述べてきたことですが「将軍権力とは何か」と言うと、それは軍事と政治。では、そのどちらが大事かというと、これは軍事政権なのだから当たり前と言えば当たり前ですが、軍事になる。その軍事を行うに当たって重要な原理が、主従制。主従制のもと、家来が自らの命を投げ出して戦うことが軍事の前提となります。

家来は命がけで奉公し、将軍はその働きに御恩でもって報いる。御恩と奉公。それが主従制のあり方ですが、貴族においても主従制は見られます。

貴族にも当然家来はいるわけで、天皇と貴族、そして上級貴族と下級貴族という形で、そこに主従の関係はある。しかし貴族の場合は武士とは違って、命がけで奉公することまでは求められません。ここに非常に大きな違いがある。

この違いがあるために、貴族社会では家来が二人、三人と複数の主人を持つことが可能になってくる。これを「兼参《けんざん》」と呼ぶのですが、たとえば下級貴族は、まず天皇の家来である。しかし上皇がいると、それもまた主人。上皇の場合は「もともと天皇だから」と考えることで一応は筋道をつけられるかもしれませんが、下級貴族は上級貴族に仕えて、その家の家政、経済を担う。下級貴族だけではなく中級貴族であっても、上級貴族に仕えてスキルを磨き、そのスキルでもって朝廷で活躍するというルートが成立していました。だから下級、中級の貴族であれば、上級貴族にも仕えますし、天皇にも仕える。上皇にも仕える。さらには女院にも仕えます。何人もの主人をもつわけです。

では武家社会はどうかというと、武家でも兼参がないわけではない。しかし命がけの奉公が基本となる武家社会では、いざという時に主人のために命を投げ出す必要がある。となると命は当然、ひとつしかないわけですから、兼参は本来的には不可能。将軍の側からの要請としても「兼参はなるべくしないで」ということになります。

だからこそ、源頼朝は鎌倉の御家人たちに、自分の許しなく朝廷から官位をもらうことを禁じた。それをやると、御家人は自分の他に朝廷にも主人を持つことになりますから。しかし頼朝が禁じたことを、一番最初に破ったのが、弟の義経でした。

義経は兄の頼朝に仕える身でありながら、後白河法皇から官職をもらってしまった。つまり後白河法皇の家来にもなったということで、これは頼朝としては絶対に認められない。「そういうことをするな」と御家人に厳しく言っている手前、勝手に官職をもらってしまった弟を生かすことはできず、義経は討伐の対象にまでなってしまいます。

主人のために死ぬことこそ武士の名誉

主従制のもとでは、家来は主人のために戦う。といっても戦場で戦う際、「敵を討ち取る」など手柄を立てることはマストではありません。「相手を倒すこと」が家来のあるべき姿かというと、実はそうではないのです。

では何かと言うと「将軍の馬前で討ち死にを遂げる」ことこそが武士の最高の誉れであって、ともかく主人のために命を投げ出す。その行為自体に武士の本分があるという観念を、当時の武士社会に見て取ることができます。

この考え方は、ずっと後の「関ヶ原の戦い」（一六〇〇）のころになっても存続しています。どこで見られるかというと、徳川家康家臣団四天王の一人、本多忠勝（一五四八－一六一〇）の言葉として残っています。彼は軍奉行《いくさ》として、関ヶ原の戦場を駆け廻っていた人でした。

本多忠勝は徳川の武を代表する武将として有名ですが、彼は自分の家来に「武士にとって大事なことは、敵の大将の首を取ることではない。特別な手柄を立てることではない。主人が失敗して討ち死にを遂げるときに、何も言わずに、笑って一緒に死んでやることだ」と言いました。それが家来としていちばん素晴らしく、あるべき姿であると。

望まれるのは、主人のために命を投げ出すこと。逆に言えば、命を投げ出して戦いさえすれば、手柄を上げることがなくとも、主人は残された家族に、ご褒美を与えてくれる。主従関係は将軍と武士という個人と個人の間で結ばれるものですが、第五章で述べたように、その個人は「家」に包摂されている。主人と従者の関係もまた、家と家との関係という形になります。

たとえば源頼朝と直接に主従関係を結んで家来になった武士が死んでしまっても、頼朝はその武士が所属していた「家」に対してご褒美を与える。家来のほうからすると、自分が命を投げ出すのは、家のため、家族のため。家が繁栄することが、何よりのご褒美であったことになります。そのご褒美とは、具体的に言うと土地でした。

鎌倉政権とは、そうした主従制を原理として持つ「源頼朝とその仲間たち」が集まってつくった集団でした。

その仲間に入るためには、源頼朝の従者となる必要がある。従者となる条件は、大切なことなので何度も言いますが、戦場で命を差し出すこと。つまり、そこにたとえば、政治は関与してこないのですね。「源頼朝とその仲間たち」の関係は軍事が前提であって、そこに政治はなかった。だからうっかり鎌倉の政権と言ってしまうのですが、政権とは政治権力体のことですから、本当はこの言葉は使えないのかもしれません。それはさておき、やがてそうした彼らも、政治に目覚めていくことになります。

その大きな契機として「承久の乱」（一二二一）が挙げられます。この乱の後、幕府の影響力が西へ西へと伸びていったことは第一章でふれましたが、西に浸透していった鎌倉幕府は、朝廷と直接向き合うことになる。それによって、西の進んだあり方を目の当たりにするわけです。そして「統治するためには政治が重要だ。政治を行うためには成文法が必要だ」と知った。

朝廷には律令という成文法があった。ただ、それは少し武士たちには精緻で高度すぎた。そこで、より自分たちにも理解しやすい法律として「御成敗式目」をつくることになります。腕っぷしだけ、軍事だけだった幕府は朝廷と向き合うことで政治を学んでいく。軍事と政治が将軍権力の車の両輪として動き出すわけです。

鎌倉幕府の主従制の弱点

幕府が統治体として成熟した集団になっていくに従って、軍事と政治に加えて、もうひとつ大きな要素が彼らの仕事として浮上してくる。それが「経済」です。

本当であれば経済に続いてさらに文化も、というところまで行かなくてはならないのですが、文化はやはり西高東低。田舎者の武士たちには、文化の奨励者や担い手になることは厳しかったですし、そこまで視野に入れずともなんとか統治はできた。

問題なのは経済で、幸か不幸か鎌倉時代、より詳細には一三世紀の第2四半期、一二二六～一二五〇年に日本列島に貨幣経済がやって来た。ところが関東の田舎者である武士集団ではなかなか貨幣経済の進展に対応することはできず、結局はこれが幕府の命取りとなる。「東にいては貨幣経済に対応できない」。次の室町時代になると政権は関東から京都へと移動することになります。

そして経済に加えてもうひとつ鎌倉幕府の弱点を挙げると、実は主従制が中途半端な形だった。鎌倉幕府には、主人に命を差し出すといっても「将軍に忠節を尽くすのか？　それとも北条氏に忠節を尽くすのか？」という問題がありました。二人の主人がいる状態だったわけで、武士のあるべき姿には到達せず、中途半端な主従関係になっていた。

これがたとえば江戸時代のように「武士は家来として自分の藩の殿様に仕える。その殿様は将軍様の家来である」ときちんと整理された形ならばいい。しかし鎌倉幕府の場合は、同じ場所に将軍がいて、北条氏の執権もいるわけです。しかも執権という地位についた人と、北条氏の中で実権を握る人がまた別の場合もあって、執権が北条氏のナンバー1であるとは限らず、得宗家として執権よりも力を持つ当主がいたからややこしい。

権力とはすっきりとした構造であることが望まれるわけで、こうした整理されていない状況が「頼朝とその仲間たち」が展開した姿であったとすると、やはり成長は、まだ中途半端だったと言える。武士の政権が統治体として成熟するためには、鎌倉幕府からさらに一段階、室町幕府へと進むことが必要だったのかもしれません。

戦場に向かう貴族が出現した室町時代

そうしたわけで、武士の政権は鎌倉幕府から室町幕府へと形を変える。そして「経済」を視野に入れて、田舎である東から経済と文化の中心である西へと拠点を移していきます。かつては辺境の関東にいたからこそ、その存在が許された武士の政権が、室町幕府になるとついに京都に乗り込んでいき、堂々と朝廷と対峙するようになった。その結果、朝廷を吸収していくことになります。

「どのように吸収していったのか？」というと、さまざまな権限を朝廷から奪い取っていくことも当然やりましたが、わかりやすいことでいうと、貴族を将軍の家来としていった。当時、朝廷で中心となって実務に当たっていたのは中級貴族。その中級実務貴族を、将軍が自分の家来として主従関係に取り込んでいきました。取り込まれた貴族の代表が、将軍の正室を出した日野家です。

日野家はもともと中級貴族であり、持明院統に仕えて、実務を一生懸命やっていた家なのですが、それが将軍の正室を出す家として定着しました。そのありようはまさに、貴族が将軍の家来として生き延びていく状況を象徴していたと言えます。

六代将軍、足利義教のころ、将軍に仕える万里小路時房《までのこうじときふさ》（一三九五—一四五七）という貴族がいました。内大臣まで出世するという、まさに中級貴族を代表する家の人ですが、彼は日記に「最近の貴族は喜んで将軍の家来になって恥じない」と書いています。

彼自身も将軍の家来でしたが、なんと当時、将軍が軍事行動を起こすと鎧《よろい》を着てそれに供奉する貴族までいたそうなのです。時房自身はそれについて批判的に「私はそこまでのサービスはしません。貴族なので鎧などは着ません」ということを書き残していますが、この時期、戦いの場に鎧を着て参陣する貴族が現れるまで、幕府は貴族を取り込んでいたわけです。

ただ「将軍のために死ぬ」というところまでは、貴族はどうしてもいきません。戦いの中で戦死する貴族は、ほとんどいない。ただし逆に言うと皆無ではなく、南北朝の動乱のときに南朝方で何人かは戦死しています。そのうちの一人、北畠顕家（一三一八—一三三八）は有名ですね。この人は戦に積極的に参加し、敗北して戦死する。もう一人、有名な人であれば、四条隆資《たかすけ》（一二九二—一三五二）という大納言くらいになる格の人も、戦のなかで戦死しています。南北朝時代は貴族を含めた戦いの時代ですから、こうした変わった人も出てきました。しかし時代が収まると、さすがに貴族が戦死する事例はなくなります。

守護から守護大名、そして戦国大名へ

　これまでは中央の話でしたが、地方に目を向けると、鎌倉時代は各地に守護が置かれていました。鎌倉時代の守護は基本的に役人です。その役人としての仕事は基本的に三つ。殺害人の逮捕と謀反人の逮捕、そして大番役の催促です。殺害人というのは殺人犯です。殺人犯と謀反のような重罪を犯した人を逮捕する。そして大番役とは、京都に行って京都の治安を守ったり、あるいは天皇を警護する役目。これを「おい、わぬし。今度、大番役に当たってるぞ。行ってらっしゃい」と催促するのが守護の役目でした。

　この平時における大番役が、戦時において軍事に転用される。武士たちを動員して軍事行動を行う根拠となったと言われます。しかし守護は基本的にあくまで役人として武士たちと向かい合っていました。言わば武士たちの兄貴分であって、主人ではない。

　ところがこれが室町幕府になり、守護から守護大名へと成長すると、自分が任命された国の武士たちと主従関係を結び、まとめあげることを幕府から期待されるようになります。守護大名は、幕府政治にも参加する。そして自分がまとめ上げた家来を率いて戦争をする。つまり室町時代の守護大名は、彼ら自身が各地域の親分なのです。「兄貴から親分に」ということで考えるとわかりやすい。

　ただ守護大名の場合は、それでも後ろ盾として将軍の存在がありました。実際、足利の

一門が守護大名になるという事例が相当にあります。むしろそれが主流であって、守護大名というのは結局、虎の威を借る狐のように、あくまで将軍の名代。「私は足利将軍家の分身である。だから私に従いなさい」という理屈で、武士たちと主従関係を結んでいく存在でした。

しかしそれが「応仁の乱」（一四六七－一四七七）を挟んで状況が変わります。乱の前は、各地の守護大名は皆、京都へ行き室町幕府を支えていました。京都に行く期間は、参勤交代のように「一年は京都、一年は自分の国」といった形ではありません。そのまま京都に常駐して幕政に参加していました。

しかし「応仁の乱」によって京都は完全に荒廃し、守護大名たちは室町幕府に見切りをつけてしまう。彼らは自分の任国に帰ってしまいます。

これも第一章で述べたように、自分の国に帰った守護大名が、それで実権を握ることができたかというと「あなたは誰？」状態でした。往々にして城代や国人が下剋上を行い、実権を握っていたわけですが、そうした状況から各地に戦国大名が成立していくことになります。

戦国大名とは、その国に君臨する唯一の権力者。特質として、バックに将軍はいませんし、もちろん天皇もいない。彼らは自分の責任で自分の国を守る。自分の責任で国内の民の生活を平和に保ち、国内にいる限りにおいては必ず自分に従うことを要求する。だから戦国大名とその国の武士たちは非常に強固な主従関係を結びます。

こう語っていくと当然そうなりますが、彼らの目的は自分の国を守ること。そもそも天下統一などということにはまったく興味がない。自分の国さえ維持できたらいいという方針が基本です。そうした中で、異例中の異例の存在として現れた武将が織田信長だったわけです。

織田信長VS平等の思想

彼は、各地の大名国家を統合し、一つの日本というものをつくり上げようとした。「天下布武」という、彼が使った判子に、そうした意図が込められていたと考えると、よくわかる話ではあります。

信長には、後ろ盾は必要なかった。彼は自分の力で、最初は尾張、次は美濃、近江と、どんどん国を越えて支配する領域を拡げていく。そうした信長にとって、非常にやっかいな存在として現れた勢力が、一向一揆でした。

かつて法然が説いた浄土の教えが世の中に広まり、戦国時代において成立した世俗的な形が一向一揆でした。どんな貧しい人でも、どんな無知な人でも、どんなに気持ちが弱い人でも、南無阿弥陀仏と唱えさえすれば極楽往生ができる。第四章でふれたように一向一揆、浄土の教えは本質的に「阿弥陀の前での平等」という立場を持っていました。「阿弥陀如来こそが、すべてを許してくれる」。そうした浄土の教えは、唯一神への信仰、キリスト教やイスラム教、ユダヤ教などの、いわゆる一神教と非常に近い。

このことは、法然が浄土の教えを広めたときにすでに指摘されていて、奈良の貞慶《じょうけい》（一一五五―一二一三）というお坊さんが、弾劾文を書いています。彼は法然に反対して「あなたの教えによると阿弥陀仏にすがることで極楽に行くことができるという。それが正しいとすれば、お釈迦様はどうなる？　薬師如来はどうなるのか？　立場がないではないか」ということを言った。

その貞慶に対して、もし法然が毅然とした態度で「そのとおりだ。釈迦も薬師も出る幕はない。阿弥陀様さえいらっしゃれば、私たちは救われるのだ」と答えていたら、その時、日本においても一神教が誕生していたことでしょう。

しかしさすがにそうは言うことができず、法然は大人の応答をします。「いや、私は弟子たちにお釈迦様や薬師如来様や、他の仏様に対しても、敬意を持てと指導しておりま す」と答えたのです。でも、どう考えても法然の教えをピュアにして、余分なものを捨てていけば、そこに残るものは阿弥陀仏しかいない。「南無阿弥陀仏と唱えれば、あなたは救われる」と言う以上、信者は阿弥陀だけを見ることになります。やはり一神教に相当近い性格を持っていたと思います。

初めて現れた差別の否定

この浄土の教えは、成立当初から非常に差別を嫌う思想がありました。法然の一生を絵であらわした『法然上人絵伝』という有名な史料があるのですが、そのなかで法然と武蔵国の武士、熊谷直実《くまがいなおざね》（一一四一―一二〇八）が出会う場面が描かれます。

熊谷直実は法然に「私は荒くれ者の武士で、戦場で何人も相手の命を奪ってきた。そんな私はこのままであれば、なかなか救われないだろうと思う。どうしたらいいのでしょうか」と問いかける。法然は彼に「あなたのような罪深い人間こそを、阿弥陀様は救ってくれます。南無阿弥陀仏を唱えなさい。そうすればあなたは救済されます」と答えます。

熊谷直実は「私は、自分の腕の一本、足の一本を切り落とすくらいはしないと絶対救われないと考えていました。その覚悟がありました。しかし今、法然上人に教えをいただいて、感動に打ち震えております」と言って涙を流した。直実は、その場で出家する。そこは史実とは違うのですが、絵伝ではそう伝えられています。その場で出家をして、蓮生《れんしょう》法師と名前も変える。

当時、最先端の法然の教えは反発も強く、法然は京都の町などうかつに歩くことができない状況でした。そこで蓮生法師となった熊谷直実は護衛を買って出て、法然が町へ出ていくときに必ず一緒について行くようになります。

ある時、法然は九条兼実《くじようかねざね》（一一四九―一二〇七）に「法話を聞きたい」と呼ばれます。九条兼実と言えば貴族のなかでもトップの大貴族。源頼朝と手を組んで朝廷の改革に乗り出した大物です。その九条兼実の邸を法然が訪れた時の絵が大変面白い。

屋敷の中の座敷で法然と九条兼実が対峙しています。外の板敷きの部分には九条家に仕えていると思われる人が座っている。彼らは座敷には入ることはできず、外で座る。これは身分をあらわしています。蓮生法師こと熊谷直実は、建物に上がることさえもできない。だから建物に上がる三段か四段くらいの階段の下のところに座っている。

蓮生はその場所から、一生懸命、自分の先生である法然が座敷の中で、当時一流の教養人でもあった九条兼実とどのような話をしているか、耳を澄ますのですが、やはり聞こえない。もともとは荒くれ武者の蓮生、ついに感情を爆発させて「あはれ穢土《えど》ほど口おしき所あらじ。極楽にはかかる差別はあるまじきものを」と叫んだ。

「極楽に行ったらこんな差別はないだろうに」。身分があり、上下関係があるから、自分は建物に上がることもできない。こんなところにいたら、ありがたい師匠のお話を聞くことができないではないか。「極楽にはかかる差別はあるまじきものを」。差別を忌避する人間の姿が、歴史史料の中に初めてここに現れることになります。

平等という言葉はまだ使われていません。この言葉が使われるのは、だいぶ後になりますし、初期は違うニュアンスで使われていたと思います。しかし確実に差別という言葉は、この時、蓮生の口から出ています。

平等を滅ぼした破壊の王

阿弥陀の前では皆が平等。だから極楽浄土には差別はない。それが浄土の教え。だから「差別はごめんだ」という思想を一向宗はもっていた。

そうなると「主従関係」を前面に押し立てて日本列島を統一しようとした織田信長、それを真似た豊臣秀吉、徳川家康、この人たちにとってみると、一向宗とは絶対的に相容れないものがあった。

実は信長だけではなく、各地の戦国大名は「一向宗と自分はどう対峙するか」という試練を乗り越える必要がありました。ただ信長の信長たる所以は、浄土の教えを徹底的に滅ぼした。要するに殺戮という姿勢で臨んだところ。

第三章でふれたように、本来、日本の歴史では虐殺は行われません。宗教弾圧による犠牲者も出ていなかった。ところがただ一人、虐殺を行ったのが織田信長であって、彼は伊勢長島で二万人、越前で一万二千人の一向宗門徒の命を奪った。当時の人口は現代の一〇分の一ですから、人口換算で言うと二〇万人、一二万人も人を殺したのと同じくらいの感覚になると私は思います。

信長という人物は、やはりとんでもない破壊の王であったと言える。しかしなぜ彼がそこまで一向宗を毛嫌いし、その存在を許さず、物理的に抹殺しようとしたかと言うと、主従制という縦の社会のピラミッドの頂点に立とうとする彼にとって、阿弥陀仏を信じることで横に連なって行く浄土の教えは、原理的に存在を許せぬものだった。

他の戦国大名であれば、そこまでやらなかったと思われますが、信長はまったく自分と異質な存在だということで、相手を滅ぼすという選択を採った。その辺りはいかにも信長らしいところではあります。

徳川家康は、一向宗を東西に分けています。東本願寺と西本願寺に分割してしまうことで、おたがいがおたがいを牽制し合う形にした。まず自分たちの間で争わせることでエネルギーを削ぎ、徳川幕府の強烈な敵にならないように図ったわけです。

信長のように虐殺して滅ぼしてしまうことはしなかった家康ですが、そうした彼も存在を認めることができなかった宗教が、キリスト教でした。

天下人はキリスト教を許さない

なぜキリスト教を認めることができなかったのか。海外の研究者によると、当時の宣教師は本国に向けて「軍隊を派遣してくれ」という要請を、確かに送っていた。それゆえに「やはり日本を植民地にしようとする意図があった」とする研究者もいます。しかし私は、そこまで考えるのは行き過ぎかなと思います。

確かに軍隊の派遣を要請したりもするわけですが、かといって本気で、征服までできるとは思っていない。もし軍隊が送られたとしても、それほど大きな規模を想定してはいなかったのではないでしょうか。

当時、スペインの人口はだいたい一千万強で、日本が一千二百万ほどですから大して変わらない。ポルトガルは、スペインの一〇分の一程度の人口です。それを考えると、植民地支配などとてもできない。秀吉や家康が、植民地化を恐れてキリシタン弾圧に乗り出したというのは、やはり少し違う気がします。それよりもやはりキリスト教がもっている横のつながりが不気味だったのではないでしょうか。

キリスト教は本来「王のものは王に。神のものは神に」という、世俗の権力とうまくつき合っていく知恵をもっているのですが、そんなことは当時の秀吉や家康はわかるわけがない。おそらく信長が一向宗に対して「これはまったく俺とは相容れない」と判断したのと同じように、家康も「キリスト教とは相容れない」と考えた。「天なる神デウスの前では皆平等」「善いことをやってデウスのもとに行きましょう」。キリスト教は、一向宗、浄土の教えと似た教えを持ち、似た形態をとって拡がっていく。そうした信仰は認められない、ということで、徳川幕府のもと、多くの血が流れたのではないかと考えます。

逆に、一向宗の門徒やキリシタンの目線から見ると、日本人は平等という概念を知っていたことになります。仏のもとでの平等、神のもとでの平等を、当時の日本人は知っていた。知っていたのですが、それは結局、中央集権を目指す天下人の軍事力によって蹴散らされ、滅ぼされてしまう。

日本人は殺される平等よりも平和を求めた

江戸時代の社会はかつて「士農工商という四つの大きな身分に分かれている」と言われてきました。今ではその見方は変わり、侍は侍のままですが、農は郊外に住み、生活している農村民であって、工商は都市民。中国共産党の農村戸籍と都市戸籍のような区別だったと考えられるようになっています。

それにしてもいずれにせよ、当時の社会は平等ではなかった。侍は侍、農村民は農村民。

どんなに武芸が達者でも侍になることはできない。そういう形になっていたわけです。

ただ江戸時代を通じて見ると、これらの身分の区別もだんだん怪しくなっていきます。たとえば幕末、江戸城の開城交渉で幕府側の代表を務めた勝海舟（一八二三—一八九九）の家は、勝海舟の祖先が武士の株を買って、お金の力で直参旗本になった家でした。そういう事例も出てきますので、時代が下ると身分の差もだいぶ抜け穴が出てくる。

ついでにふれますと、勝海舟に私淑したと言われる坂本龍馬（一八三六—一八六七）は「土佐藩の下級武士の出である」とか「土佐藩の浪人である」といったことを言われますが、実際には大変な金持ち商人の御曹司《おんぞうし》なのです。彼の実家、才谷屋《さいたにや》にはお正月になると土佐藩の偉いさんが挨拶に来た。それほど富裕な家だったそうです。

先に鎌倉幕府が「貨幣経済に対応することができず潰れた」という話をしましたが、江戸時代の幕末においても、身分制度を壊したのはやはりお金の力だったということになりますね。お金の力で、商人が苗字帯刀を許されたりしますし、結局、お金をもってる人が強い。それは昨今を見ていても、どんなにふるまいに品がなくても、金をもってる人物がもてはやされたりするわけですから、変わらないのかもしれません。

こうした歴史が何を意味するかというと、日本人は戦国時代において「平等よりも平和を求めた」。戦争で人が死ぬ時代、いつ襲われて殺されるかわからない時代、そういう時代が続くのはもう嫌だ。平等はなくとも安心・安定がいちばんだ。戦いがない日々を送りたい。それが日本列島で切実に願われて、結果として、日本人は中央集権のもたらすとりあえずの平和を求めた。そういうことだったのだろうと、私は考えています。

日本史の「自由」の話

今度は「自由」について考えていきたいと思います。

繰り返して述べますが、律令が導入された七〇〇年の辺りから日本の国の歴史が本格的に始動する。国号も定まり、全国に「国」が置かれた。では、日本最古の貨幣もこの時期に使われだしたのでしょうか？

日本最古の貨幣は、和同開珎であるとか富本銭であると言われます。しかし本当にそれらが「通貨」だったのかというと疑問がある。実際に使われていない銭は銭ではないのではないでしょうか？　そう考えると、日本最古の貨幣は、平安時代の終わりごろに中国からやって来て、鎌倉時代に使われるようになった「宋銭」だろうということになります。

実は同じことが律令にも言えて、つまり律令は実際に使われた法だったのでしょうか。中国では皇帝が変わる度に律令はつくり直されるのですが、日本の場合、大宝律令がつくられたら、もはやそれを改定するだけの余力はなかった。一応、明法道《みょうぼうどう》という律令に関する学問があって、その存在は重かった。法をきちんと読むことができないと駄目だという意識は貴族としてあって、明法道は、貴族たる者が修めるべき四つの学問のうちの一つとされてきました。

しかし第三章で述べた平安時代のぬるま湯の中で、「鳴くよウグイス平安京」の七九四年からちょうど百年後の八九四年に遣唐使が廃止される。遣唐使が廃止されたからぬるま湯に拍車がかかったのか、ぬるま湯状態にしたいから遣唐使はもういいやと思ったのか。どちらが鶏で卵かわかりませんが、そのぬるま湯の世の中で、律令はどんどん忘れ去られていくことになります。貴族の日記などを読んでも、律令に対する言及がほぼなくなっていくのです。

その後の鎌倉時代、朝廷は「徳政」を掲げて、民のために裁判を一生懸命行うという姿勢を打ち出しました。その裁判をやるにあたって、それこそ律令を典拠として使うということもできたはず。たとえば借金でも、土地の占拠でも、家族間の問題でもいいのですが、そうしたケースの揉め事は律令を見れば必ず出てくる。であれば律令を根拠として「Aの勝ち」「Bの勝ち」「お金をいくら払え」とか、そうした判断を下すことができたはずなのに、それは、やっていない。参照しないし、根拠にもしていない。律令は、もはや実際に生きている法律ではなかった。

中世に法治はなかった

早川庄八という古代史の先生がいらっしゃいました。中世史であれば、佐藤進一が偉いとか、石井進が偉いとか、五味文彦が偉いとか、東大文学部の先生がトップということになってきました。しかし古代史は面白くて、偉い先生はだいたいずっと他の大学の先生。そのなかでも「すごく切れる」ということで有名だったのが早川庄八先生です。

その早川庄八先生が平凡社から『中世に生きる律令——言葉と事件をめぐって』という本を出されて、その中で中世における律令への言及を示された。そうして「中世に律令が生きていた」と提起したわけです。

それに対して私はゼミで「それは嘘だ」と発言しました。言及されているからといってでは実際に律令が使われているかといったら、使われていないのです。「それで本当に生きていると言えるのか？」という話をして、私はいまだに覚えているのですがレポートに「中世に生きる律令？　生きてなぞいるものか」と書いた。

そしたら石井進先生にめちゃめちゃ怒られました。実はそれは石井先生のパクリだったのです。私たちの先輩方が『遙かなる中世』という雑誌をつくり、それが何号か続いた。石井先生にも寄稿を依頼したのですが、石井先生は「遥かなる中世？　遥かなるものか」と書いた。石井先生にすれば、中世のことは現代にも生きている。遥かでも何でもない、ここにある、ということが言いたかったのでしょうね。

それを真似して私は「中世に生きる律令？　生きてなぞいるものか」と書いたから、早川先生に失礼だというのと「俺の真似するんじゃない」という二重の意味で怒られてしまいました。ただ、書き方は失礼だったかもしれないと反省しますが、中身は間違っていない。だから、それを怒った石井先生の方が悪いというように、はい、私は考えております。

曹操と天皇の人材登用法

法律に基づいた政治を行うとするとしても、そのための人材が必要になりますが、律令を生んだ本家の中国の場合であれば、科挙がありました。隋で生まれて、宋王朝で完全に社会に定着した制度。厳しい試験を経て、役人を登用するというものですね。

しかし私たちが大好きな『三国志』の時代は隋より前ですから、まだ科挙はない。ではどのように役人の登用が行なわれていたかというと、近隣で「あの人は親孝行ですよ」「あの人は善行を積んでますよ」と、いい評判が立った人間が都に呼ばれて登用されていました。

それが、いわゆる儒教の「徳」のあり方でした。特に「親孝行」であることを儒教は高く評価します。「お父さんが死にました。外に出ずに三年泣きました」という人が、どれだけ役人として資質があるのかなと思いますが、そうした「徳のある人」が中央の役人になっていた。

それに対してまったく逆だったのが曹操で、彼の場合は、徳があるとか、名門の生まれとかはどうでもいい。「唯材《ゆいざい》」といって「とにかく才能さえあればいい」という方針で人材を登用した。

曹操は「俺は兄嫁を寝取る男でも、才能があれば使う」と言っています。兄嫁を寝取った男というのは具体的なネタ元があって、漢帝国の初め、大軍師として有名な張良と並び称される、陳平という軍師がいました。その謀才は飛び抜けていたのですが、同時に、兄嫁と密通したという逸話の持ち主でもありました。おそらく曹操は、その陳平を念頭に置いて、「有能で使える人材であれば、不義密通を働いた男でもいい。俺のところに来い」と言ったわけです。

しかしそれは、あくまで曹操が例外であって、隋以前の中国では、やはり徳を積む人、善行を積む人が役人になっていたのです。そこに科挙が生まれ、試験で官僚が選抜される形になった。皇帝と、その皇帝を支える、試験によって選抜された官僚たちが政治を行う国。それが中国になるわけです。

では日本はどうなのか。日本には天皇がいる。中央集権国家は官僚と軍隊という二つの組織によって運営されるわけで、平安時代の朝廷にも、天皇を支える官僚のような人はいることはいた。しかし平安時代の朝廷は世襲を旨とする貴族によって維持されていました。だから中国のように、能力で選抜された官僚はいない。ちなみに軍隊もありません。

そうした、なにかまったりとした形で統治が行われていた。税を取られる側もそれで不満はあまりなくて、まったりと税を取られていた。それで四百年、ぬるま湯の平安王朝が続くわけです。しかしそんな統治が続くうちに、積もった不満が辺境の関東で形となり、鎌倉幕府が成立することになる。

幕府が台頭し朝廷は斜陽となる

結局、中央集権といっても、朝廷の統治は田舎では希薄。しかしそれでは自分の大切な財産「土地」を守ることができない。であれば「自分の土地を守ってくれる権力をつくろうじゃないか」ということで、関東の在地領主たちが声を上げた。彼らは、源頼朝を押し立てて自分たちのリーダーとします。頼朝は、貴族でもあるし武士でもあるという人物だった。だから彼らの代表としてふさわしいということになったのですね。

その頼朝を支えて、まさに官僚的な働きをしたスタッフが、大江広元（一一四八―一二二五）を筆頭とする京からやって来た官人たちでした。

鎌倉幕府とは、頼朝と京から来た官人たちで、関東において運営をされたという、その意味では異色の権力体だったのです。頼朝は大江広元をブレーンとし、自分自身は、スポークスマンとして武士の権益を代表する顔となった。そして朝廷に武士の政権の存在を承認してもらい、朝廷と共存できるような形に軟着陸させるように働きました。

しかし時間の経過とともに幕府のあり方が安定していくと、頼朝のような「顔」はもはや必要がなくなってくる。在地領主たちにとって、貴族でもあり武士でもあるという性格をもっている頼朝は、最初の時期こそ使える存在でしたが、頼朝の子どもの代になり、すでに政権が安定してくると、もはや源氏は必要がなくなった。結果、頼朝の血筋は排除され、頼家、実朝の三代で源氏将軍は途絶えてしまいます。

一方、そうした幕府の存在が目障りとなり、排除しようとしたのが後鳥羽上皇。上皇は「承久の乱」（一二二一）を起こしますが、敗北。これを機に、幕府の影響力が西にも伸びるようになったことは第一章で述べたとおりです。

一方、「承久の乱」に敗北した朝廷は、統治する根拠を失ってしまった。「君臨すれども統治せず」という有名な言葉を借りて説明すると、それまでの朝廷は統治をしなくても君臨できる存在でした。「なぜ税金を取っていくのですか？」「偉いからです」「なぜ偉いのですか？」「昔から偉かったからです」で通っていたのに、それが敗北によって崩れてしまい、税金が入ってこなくなった。

危機に陥った朝廷は「徳政」をはじめる

この危機に現れたのが九条道家（一一九三―一二五二）という貴族です。彼は「寛喜《かんぎ》の飢《き》饉《きん》」（一二三一）と呼ばれる大飢饉の時期に現れます。

道家は、自分がどのような政治を行おうとするのか、施政方針演説のような文書を残しています。天災が起こり、それが飢饉を生んで、人々が大変に苦しんでいる。なぜ、そうした困難な時代になってしまったのか？

「人が恨みをもつ。それを見た天が怒る。天が怒ると災害が生じる。そして大飢饉を招く」。道家は「であれば、根本にある人の恨みを解消したら災害も起きず、飢饉は収まる。だから人の恨みを解消していこうではないか」という理屈を立てて、打ち出します。その理屈は拙いかもしれないけど、ここに初めて、民と向き合う意志を持った政治家が現れたわけです。

その具体的な政策として、裁判をやる。広く裁判をやって、民の愁《うれ》いを除く。この裁判というサービスを提供する見返りとして、税金をいただこう。これが道家の基本的な方法論でした。彼が提唱したこの裁判の実施は当時、「雑訴《ざつそ》の興行」と呼ばれました。

道家は自分の政策を実行するために、朝廷の官僚組織を再編成します。朝廷の実務を運営していた中級貴族を用いて、裁判に当たらせる。そうして民が訴えることに耳をかたむけて、一生懸命、雑訴の興行を行った。

ただしそれでもやはり中途半端なのです。官僚組織といっても、朝廷の場合、実際には試験で選抜された官僚はおらず、世襲の貴族が実務にあたっていたわけで、その意味では中途半端ではあります。けれどもともかく、九条道家は「民に向き合う」という姿勢を打ち出した。

彼の打ち出した政治は「徳政」と呼ばれます。「徳政」とは、雑訴の興行や官僚組織の再編のようなひとつひとつの個別の政策の話ではなく、民と向き合い、民の恨みを解消しようという、そうした姿勢そのもののことを指していたのですが、これが、社会に非常に歓迎されることになりました。

ただ、問題点としては、そこに法がないのです。先に述べたように律令は機能していない。雑訴の興行でも、私が集めた判例を見ていると、律令を根拠にして判断を下したという実例は一つもありません。

その一方で、貴族社会内部であれば律令を使っていた。たとえば貴族のAさんとBさんの間で領地争いがありましたといったときは、律令に基づいて判断が示されている。ところが社会に向けて何か裁判をするときには使われない。

つまり朝廷は、律令を完全に忘れてしまっているわけではないのですね。律令を持つことを共通認識している仲間内では使う。ところが、しかしどうやら彼らは「社会における法としての律令は、もう意味がない」と考えていた。

現実を直視すると、律令という法はあった。でも朝廷には、それを守らせる力がなかった。なにしろ朝廷は「承久の乱」の敗北によって、今後は武力を持たない、武力を行使しようとしない、と後鳥羽上皇が約束し、実際にその後、軍事力を持っていなかった。武力があれば「言うことを聞かない人は罰します」ということができますが、武力を持たない彼らには、強制力がない。だから法を根拠として判決を下しても、それを守らせる力がなかった。律令を持ち出しても意味がなかったのです。

ではどうやって裁判を行ったのかというと「道理の追求」ということとなります。当時の社会における皆が納得できるような道理。たとえば「盗みはよくない」とか「人殺しは絶対にしてはならない」など。どんな状況のもとでも、さすがに人殺しはOKだという国はなかなかないと思いますが、そうした「当時の社会に受容され得る論理」を用いて、皆が納得できるような判決を下そうとしていたのです。

朝廷から学んだ幕府は「撫民」を掲げた

そうした朝廷の、民をともかく大事にしよう、サービスをしようという「徳政」の姿勢をじっと見ていたのが幕府です。幕府は朝廷の姿勢を真似た。

朝廷の「徳政」に対して、幕府では「撫民《ぶみん》」ということが主張されるようになる。民を撫《な》でる、民をかわいがりましょう。その背景に仏教の影響があり得たことは第四章でふれました。ここに来て軍事政権であった幕府が朝廷に学び、権力というものがようやく民を見るようになる。社会に対して働きかけなくてはならないと考えて、積極的に政治に取り組むようになったのだろうと思います。

朝廷の場合は、武力を持たず、強制力を発揮することができませんでしたが、幕府は武力を持っています。その意味で言うと幕府には、法を人々に守らせることができる強制力があった。つまり成文法を掲げて、社会に発信することができました。一二三二年の「御成敗式目」の制定は、そうした視点から見なくてはなりません。

成文法である御成敗式目は、「武士の道理に従ってつくられた」ものだと言われてきました。しかし、どうもそうではないということを、笠松宏至先生が言われています。先生によると、武士の道理と言っても、そんなものはいくつもあって、一つのベクトルのなかで収まるものではない。だから何か問題が起こったとして、それに対する武士の道理は何通りもある。御成敗式目はその複数ある道理のうち「これが自分たちの判断基準だ」というものを積極的に示している。

これがまさしく法だ。すべてが道理に従って判断できるわけではない。「決めてしまう」ことこそが法の力。いくつもの可能性の中からどれが是であり、どれが非であるかというのを、弁別して定めることが法の本質であると笠松先生は指摘するのです。

それはある意味、すべての人が喜んで受け入れるというものではない。だからこそ中央集権国家には官僚組織だけでなく、軍隊も必要となるのです。どんなに官僚組織が一生懸命考えて法律を打ち出しても、それに従わない人は必ず出てくる。それを武力で修整する。法による統治を行うためには、強制力が必要になるのです。鎌倉幕府は、御成敗式目という法を掲げる。しかしやはり、それに逆らう者も出てくるわけですが、武力で言うことをきかせる力があった。

中世をリードした幕府のもと「法治」が芽生えた

そのことを考えると、朝廷の徳政と幕府の撫民、どちらが進んだ統治形態をもっているかというと、私はやはり幕府の撫民であろうと思います。「徳政」では、彼らが律令という法を持っていたにもかかわらずそれは使われない。朝廷の政治はいわば徳というものを原理として治める「徳治」でした。それに対して幕府の「撫民」は、徳ではなく法で治めようとする政策。つまりここにおいて「法治」が生まれたことになります。

ぬるい湯に入って屁をしているような朝廷の政治には、法治の厳しさはない。律令という法をもっているにもかかわらず、忘れ去られていく。そういう意味で言うと、幕府によって初めて法による支配、法による統治、「法治」が日本の歴史に姿を現した。古代に「法治」が行われていたかどうかは難しいところなのですが、中世においては幕府に初めて生まれたとは言えるだろうと思います。だからこの時代をリードしていたのは朝廷ではない。幕府だったと私は見ています。

もっとも、第三章で述べたように、鎌倉幕府の内部には「自分たちは民の統治を目的とする組織なのだ」という考え方と、「幕府とは武士の利益を代弁する集団だ」という、二つの考え方があった。

それがモンゴル来襲という国難を契機にして、「やはり俺たちは武士であって、俺たちに必要なものは軍事力。武力なんだ」という認識が強くなっていく。その結果、「弘安の役」（一二八一）から数年後の一二八五年に霜月騒動が起きて、民を統治し、政治をしっかりやっていこうとする派は壊滅してしまった。撫民を実践しようとした幕府の方向性は、ここで完全に否定されてしまうことになります。

そうなると残されたものは朝廷の徳政。徳によって世の中を治めていこうじゃないかという「徳治」は、朝廷の政治として生き残る。そうした時代になります。

「徳治」と武力。室町時代のブレンド

やがて鎌倉幕府は滅びて、室町時代になる。これまで述べてきたように、室町幕府は京都に進出し、朝廷を吸収していきますが、そこで朝廷の「徳治」もまた、自分のものにしていく。ただし悪い意味で朝廷の政治を踏襲する部分もあって、室町幕府がつくった法律は「建武式目」(一三三六)ただひとつでした。成文法が重視されなかったのです。

室町時代という、鎌倉時代よりも進んだ時代になった。しかも京都に進出して、軍事と政治に加えて、さらに経済にまで向き合っていかなければならないという状況なのに、室町幕府は、自分たちが定めたルールとして「建武式目」しか発信しなかった。しかも昔ながらの「御成敗式目」を基本的に踏襲していて、その論理的な運用だけでやっていく。その運用では、第四章でふれた湯起請という神頼みの取り組みも出てくる。なんとも涙ぐましいというか……。これが朝廷の「徳治」を吸収した武家政権の姿でした。

なぜ徳治なのか? 幕府の法治はどうした? そこはやはり室町幕府は、軍事力が微弱だった。列島全体を支配することもできず、関東と東北の東日本は切り離し、九州も一部

をのぞいて要りません。支配下に置くのは、京都を中心として中部地方、近畿地方、中国地方、四国地方、おまけで博多。そうした形で室町幕府はやっていくわけで、これでは「本当に全国政権と呼ぶことができるのか?」という疑問さえ生まれるわけです。

そうした室町幕府に、強制力が必要な「法治」は、やろうとしてもできなかった。ですが、そうした政権だからこそ「法治と武力」ではなく「徳治と武力」という組み合わせが生まれた。こうした室町幕府の性格は、押さえておかねばならないと思います。

荘園制と天皇、未熟な所有権

『太平記』には「高師直が言い放った」という言い方で「京都では天皇とか上皇とかがいて、いちいち頭を下げたりして面倒臭い。だから生きている天皇は島流しにしてしまえ。天皇が必要ならば金で鋳るか木で彫ればいい」という言葉が出てきます。

足利尊氏の右腕として、室町幕府の創成期に、時代を急進的に変えようとした高師直がいかにも言いそうな台詞ですが、しかしこの発言は逆に言うと「金で鋳るか木で彫るか、中身はなくても、やはり天皇は必要だ」ということでもあります。

高師直ですら、天皇を否定することができなかった。なぜ、そこまで天皇が必要だったのか。それについては「荘園制」というものを考えなければならないと思います。

荘園制とは、「皆で土地の支配を保証しよう」という制度です。朝廷は、先に述べたように軍隊を持たない。だから強制力がない。何度も述べてきたように、日本全国を強力に統治できるような強い政権ではないのです。これが基本路線でした。そこで何が起きるかというと、つまり土地所有を一元的に行うことができなくなるのですね。そこに荘園制が生まれる。

荘園制では京都に本家、その下に領家がいて、現地には「下司《げし》」という地位を与えられた在地領主がいるという構図になります。領家とは一般貴族、あるいは寺社で、本家とはその上に位置する皇族や、あるいは大貴族、それから大寺社になります。現地の在地領主＝下司は「下の役人」ですから、ずいぶんと上から目線です。

たとえば土地が五百石の収穫をあげるとすると、在地領主はそのうちの二百石を自分のものとし、三百石は京都へ送る。その三百石の取り分は本家と領家でそれぞれ決めるわけですが、百石と二百石といったように分ける形になります。つまりその土地の権利が本家、領家、在地領主の間で分割されているわけです。なぜそのように面倒なことをするかというと、関係者全員でその土地の支配、その土地の所有を保証しようとする形なのです。

もし天皇なら天皇、朝廷なら朝廷が、大きな権力を持っているのであれば、こうした姿勢は必要ない。もしなにかその土地に問題が起こったときに「よし、俺が解決しよう」ということで強制力を発揮し、その所有権をきちんと保証することができますから。

　しかし朝廷には大きな権力がない。そのために皆で所有権を保証しなくてはならなかった。それが荘園制というものの本質です。所有権がまだきちんと成熟していない段階。それが平安時代の土地所有制度でした。

　これは、子どもの世界を例にしてみるとわかりやすい。たとえば子どもの世界だと、A君とB君の間で「この下敷き、欲しいな。くれない？」という話があったとします。A君がジャイアンであれば強引に取り上げたかもしれませんが、平和的にお願いした。するとB君は「いいよ。二枚あるからあげるよ」と応えた。ところが次の日になって、下敷きをあげたB君がA君に「ごめん。妹にその下敷きをあげると約束してたのを忘れてた。だから悪いけど返してくれる？」と言ったときに、ジャイアンであれば聞く耳を持たないでしょうけど、だいたいのA君は「そういうことならしょうがないね」と、返してくれるじゃないですか。

　これはいかにもありそうな話ですが、しかし同じことが大人の世界でも通じるかというと無理なわけです。AさんからBさんに土地の所有権が移ったとして、後から「あの土地はいわくがあるので返してくれ」と言っても通用しない。子どもの世界で所有権がまだあやふやな状態であれば「返してくれ」も通じる。しかし所有権が成熟した世界では、当然、通じない。平安時代はまだ未熟。所有権は子どもの世界の段階だったと考えることができます。

所有を保証するために生まれた政権

そうした状況の中で、不満を募らせていったのが関東の在地領主たち。彼らは「俺たちは土地を持っているが、その所有権があやふやだ」と感じた。本家さまも領家さまも俺たちを守ってくれない。やっぱり大切なのは現場感覚だ、というわけで源頼朝を祀り上げた。鎌倉幕府の成立とは、そうした話になります。

しかし所有権の確立は室町幕府になってもまだ非常にあやふやで、天皇を頂点とする荘園制が続いていた。鎌倉時代において、下司は「地頭」と呼ばれるようになりますが、皆で所有権を保証する体系——これを「職《しき》の体系」といいます——が機能していました。だからこそ、たとえ木であっても金属であっても、天皇がいないわけにはいかなかった。職の体系の頂点に位置するのが天皇だったからです。それで結局、室町幕府においては荘園制を超える土地所有の原理はつくられませんでした。

そうした状況からみると、室町幕府の権力は、相当弱かったと考えなければなりません。同じ幕府といっても、鎌倉幕府と室町幕府と江戸幕府は全然中身が違う。室町幕府の場合は、土地の所有権を保証する力も弱く、だから朝廷と一緒になる必要があったと見ることもできます。

そのように考えると「天皇になろうとした」と言われる三代将軍の足利義満についても、彼に「天皇の地位を奪う」という意志がもし仮にあったとしても、天皇の存在自体を否定することはたぶんできなかったでしょう。天皇の地位に自らが就いて、皇族が足利氏となり、足利天皇が生まれていたとしても、天皇の地位自体は存続していた。もはや天皇は必要がないという方向には進まなかったことでしょう。

実は信長も秀吉も法をつくっていない

そうした室町時代を経て、日本各地に、自分の国に対して責任を持つ者、戦国大名が生まれてくる。

当時の一般の人たちの暮らしぶりはどのようだったかというと、第四章でふれたように、高い道徳を保って暮らしていた。その生活について宣教師が本国に「これほど道徳的な国を知らない」と報告したと言われるほどです。

しかも、何かの神様とか仏様とかを信じていたわけでもない。法が厳しかったわけでもない。「お天道様に恥ずかしくないように」ということでした。これは言葉を変えると、

「徳治」が非常に根付いていたということに他なりません。室町幕府は、武家の政権ですから、弱いと言っても武力を背景にしていましたが、しかし朝廷の「徳治」を吸収していた。そうした徳治と武力の組み合わせが機能していた。だからこそのこうしたお国柄だったのだと思います。

そこには法に通じ運用する官僚は要らない。そうした官僚は、中国では科挙によって生産され、供給され、さらに再生産され続けるものでしたが、日本には必要ないという話になる。逆に言うと、法を運用する官僚がいない国だからこそ「法治と武力」ではなく「徳治と武力」の組み合わせになったという面もあるでしょう。これは、どちらが卵で鶏かわからないのですが。

戦国大名は、こうした状況において、自分の国というフィールドをしっかりと治めていく。それら戦国大名をまとめる形で出てくるのが織田政権であり豊臣政権であったということは、何回も述べた通りです。

ところで織田政権にしても豊臣政権にしても、実は法を持っていないのです。織田政権でどんな法が制定されたかというと、ない。豊臣政権は法を出しましたかというと、これもないのです。織田政権は、各地の戦国大名を潰して、あるいは統合して列島を統一しようとした。豊臣政権はそれを真似る。そうすると、まずひとつの日本をつくることが目的であって、法を掲げて政治を行うという方法は、まだ見られなかった。

一方で、土地支配の原理には大きな変化がありました。日本の統一が実現すると、権力というものが巨大になっていく。その結果、「一職《いっしき》支配」というものが成立します。

強力な権力は所有を保証する

一職支配とは「おまえにこの土地を与える」と豊臣秀吉が言ったとすると「その土地に生きているものはすべておまえに与える」ということを意味するもの。そこには本家、領家、下司などという存在はない。彼らの所有権は介在しない。あるのはその土地を与えられた人間だけ。その所有の保証は、豊臣政権の権力。これが一職支配です。

おそらく信長も同じことをやっていたでしょう。一職支配であれば、その土地に問題が出てくれば、所有している人間がトラブルを解決すればいい。もしその人間の手に負えないほど深刻なトラブルが出てくれば、織田政権なり豊臣政権が補完してくれるという関係になるのです。こうした形で、日本の歴史においてようやく所有権が成熟してきたわけですね。しかしまだ、織田、豊臣政権では法はつくられない。

その状況は、徳川家康の開いた江戸幕府にも受け継がれています。有名な話ですが、江戸幕府は朝廷に対して「禁中並公家諸法度」（一六一五）をつくりました。大名に対しては

「武家諸法度」（一六一五）をつくりました。しかし、これはわりと忘れられがちなのですが、庶民に対してはどんな法をつくったかというと、ない。法による支配、成文法による支配というものがまだないのですね。

江戸の町に暮らしている町人たちは、「人の物を盗んではいけない」と法に書かれているわけではなく、「悪いことするのはやめよう」「人のものを盗んじゃいけないよね」という習慣のなかで生きていたわけです。よく「十両盗めば首が飛ぶ」と言う定めがあったとする話が広まっていますが、これも必ずしも明確な根拠はありません。

不義密通、要するに人の配偶者を寝取るようなことがあるとそれは罰金刑。お上に訴え出ると、七両二分の罰金刑が下る。もっともそうした不義密通をお上に訴え出る人も少ないので、間男は最初から罰金を懐に入れて密通するという笑い話はあります。

ともかくそういうことで、江戸幕府も徳治と武力の組み合わせで、統治を行っていた。しかも江戸幕府の場合、さらに積極的に、徳を重視する儒教を国の教えとして採用したわけで、言ってみれば、民の間に根付いている徳治に、寄りかかって支配していたとするのも、過言ではないと思います。

吉宗の時代、ようやく法の支配が進んだ

しかしようやく、徳川吉宗（一六八四―一七五一）の時代になって法らしきものがつくられる。この時期、判例集がまとめられたのです。「公事方御定書《くじかたおさだめがき》」（一七四二）です。たとえば鎌倉時代では、判例さえ保存していなかった。判例が保存されていれば、同じ罪なのに処罰が大きく違うということはなくなる。強盗をやったとして、ある時は一年の懲役、ある時は死刑ということはなくなります。だから現代であれば判例は、法に準じるくらい大切にされるわけですが、江戸幕府では判例を保存するようにしました。「公事方御定書」は東京大学史料編纂所から活字化され出版されています。

当時の裁判というと『大岡越前』のようなお白州の場面が有名ですね。それぞれの案件を町奉行などが考えて判断を下していた。ただし、死刑になるような重罪では、江戸町奉行だけでは決められない場合がある。そうした際は勘定奉行、寺社奉行など違う管轄の「奉行」と呼ばれる人間が集まって談合し、熟慮を重ねた結果として「死刑」「八丈島送り」などと判断を下していた。慎重に裁判を行って、さらにはその判例を保存するようになっていた。

江戸幕府ではまた、官僚的な人材も生まれてくる。吉宗の時代に「足高《たしだか》の制《せい》」（一七二三）がつくられ、人材抜擢が行われるようになります。吉宗の時代以前は「ある役職につくには、これだけの知行をもらっていないと不可」という感じで、どれだけ優秀であっても、たとえば　三千石相当の役職に、千石しか知行をとっていない人間は就くことができなかった。

ところが吉宗のときに「足高の制」という制度が設けられた。この制度は「その職に就いている間、足りない分は幕府が補填しましょう。それで役職をまっとうしなさい」という制度。その役職を辞めるときに補填された分は返して、もとの石高に戻ることになっていましたが、この点はすぐ骨抜きになって、返さなくてもいいことになったようです。

あの大岡越前守も、この「足高の制」を適用されて奉行になっています。そうした形で官僚的な人材がつくられるようになります。

日本の前近代に自由は存在したのか？

哲学者のヘーゲル（一七七〇―一八三一）は『法の哲学』で「自由とは所有である」と語りました。「所有」が自由の根本になる。その自由をおたがいに認め合う「自由の相互承認」によって、自由な空間が広がっていくのだと。

所有の原点は、自分の身体を自分が持っていること。つまり「俺の命は俺のもの」というところから始まります。でも自分が主張するだけでは効果がないので、その所有をお互いに「あなたの命はあなたのもの。俺の命は俺のもの」という形で尊重して、きちんと認め合う。さらには「俺は自由だ。あなたも自由だ」と認め合う。それが「自由の相互承認」です。ここで殺人などはできなくなる。殺人が否定されることで、人は安全に暮らせます。

そしてさらに「この品物は俺のものだ。あなたの品物はあなたのものだ」というところまで所有の相互承認が広がると、当然そこで盗みという行為が否定されることになっていきます。そうした形で自由の空間が広がっていく。だから、お互いに認め合うこと、相互承認が自由の根本である。とヘーゲルは言っているわけです。

ではこの章で見てきた「徳治」は自由とどう関係するのでしょうか。「徳治」とは徳で治めるわけですから、それは相当に自由な……、この場合の「自由な」は「いいかげんな」というニュアンスになるわけですが、いわゆる「なあなあ」のいいかげんさも伴うものである。「法治」の厳格さはなく、大らかな形で治める。それが徳治である。そうした認識で見ると「徳治」と自由は相性がいいように見えますね。

でも実は逆なんです。ヘーゲルに言わせれば、所有こそが自由。自由とは、所有権が成熟することによって発生するもの。その所有の根拠となるものは法であり、強制力なのですね。つまり「法治」こそが自由をもたらすということになる。

そうした意味では、法治が育って所有権が安定する歴史の過程は、同時に、自由が生まれて発展していく過程であると捉えることもできます。

しかし日本においてはずっと「徳治」が社会の基本であり続け、なかなか「法治」が生まれて根付くことがなかった。逆に言うと、日本の前近代というのは、自由があまりなかった。自由よりも、平和がもたらす安定のほうが大事にされた。だから、平等は二の次になっていたのと同じく、自由も社会に根づいていなかった。そうした姿が日本の前近代社会の基本になるのだろうと思います。

しかし、時間はかかるのですが徐々に「法治」が成立していくことによって、自由も成長していく。日本の歴史を、そうした視点から見ると、江戸時代を経て明治維新、近代を迎えたときに、自由かつ平等な社会というものを一応目指す条件が整った、ということになるでしょう。

ですから、今を生きる私たちは、この過去から受け継いだ自由と平等を大切にし、発展させていこうではありませんか。

おわりに

二〇二〇年に還暦を迎えたぼくは、一生の仕事として、あとどんな本を書きたいかを真面目に自分に問いかけてみた。それで、いろいろと考えた答えとしてでてきたのは、まずはありふれているけれどぼくなりの『日本中世史』を書いてみたい。それから、先輩たちがどのように中世史という学問を構築してきたのか、ということを知るための『日本中世史学の歴史』をまとめてみたい。それから、ぼくたちが持っているこの上なく大切な概念である自由と平等、その日本における歴史を明らかにして、日本人が様々に思いを巡らす際のヒントになればいいなあ。そんな結論に至ったのである。

本書、『日本史の法則』は、『日本中世史』をまとめるために、どうしても、どうしても書いておかねばならなかったものである。日ごろ日本の史料に携わっている身として、日本人の考え方や行動のあり方に触れ、思うところがあった。それはあるときは世界の人と同じであったり、反対に日本人のオリジナリティが感得できるものであった。それを率直にまとめてみたのが本書、ということになる。

いまは「遊び」のない、真剣な格闘技が好まれているようだから、昔風のプロレスははやらないのだろうか。格闘に限らず敵味方が対峙する際に、暗黙のルールを定めて、観客が喜ぶように派手にやりあうのを「プロレス」と表現するようだから、ひたすらな戦いより少し下に見る、という風潮があるのかもしれない。

ぼくが中高生の頃だからもう四〇年以上前のことになるが、スタン・ハンセンというプロレスラーがリング上に君臨していた。必殺技は丸太のような左腕を対戦相手の首に叩きつける「ウエスタン・ラリアット」。日本でもアメリカでもヒールを演じていたが、とてつもなく強く、ぼくは彼に強いあこがれを抱いていたものだ。大人気マンガ『1・2の三四郎』で作者の小林まこと氏は作中の人物に、ハンセンはヒールとしての役割を演じきった後、正統的なストロングスタイルで強敵に勝つのだ、と言わせている。そして主人公の三四郎もまた、コミカルな振る舞いで人気を博しながら、本物の強さと凄みをあわせ持つレスラーに成長していった。

自分のこれまでの研究人生を思い返してみると、ぼくは案外、スタン・ハンセンになりたかったのかもしれない。東三四郎になりたかったのかもしれない。まあ、ぼくが正統的な方法を習得した研究者であるとは、周囲は認めたくないようであるが。

とまれ、本書はぼくの真髄の発露である、とぼく自身は思っている。それがストロングスタイルになっているかどうか。それは、読者のみなさまの判断に委ねることとする。みなさまが社会人としていろいろに思案する際の、なんらかのヒントになれば、この上ない喜びである。

二〇二一年六月吉日

本郷和人

編集協力　堀田純司

河出新書 036

日《に》本《ほん》史《し》の法《ほう》則《そく》

二〇二一年七月二〇日 初版印刷
二〇二一年七月三〇日 初版発行

著者 本《ほん》郷《ごう》和《かず》人《と》

発行者 小野寺優
発行所 株式会社河出書房新社
〒一五一−〇〇五一 東京都渋谷区千駄ヶ谷二−三二−二
電話 〇三−三四〇四−一二〇一［営業］／〇三−三四〇四−八六一一［編集］
https://www.kawade.co.jp/

マーク tupera tupera
装幀 木庭貴信（オクターヴ）
印刷・製本 中央精版印刷株式会社

Printed in Japan ISBN978-4-309-63137-0

考える日本史

本郷和人
Hongo Kazuto

「知っている」だけではもったいない。
なによりも大切なのは「考える」ことである。
たった漢字ひと文字のお題から、
日本史の勘どころへ――。
東京大学史料編纂所教授の
新感覚・日本史講義。

ISBN978-4-309-63102-8

河出新書
002

日本史 自由自在

本郷和人
Hongo Kazuto

日本史とは何か、何のためにあるのか。
考えれば考えるほど日本史は奥深い。
たった漢字ひと文字のお題から、
日本史の勘どころへ――。
東京大学史料編纂所教授の
新感覚・日本史講義、第2弾！

ISBN978-4-309-63116-5

河出新書
015

歴史という教養

片山杜秀
Katayama Morihide

正解が見えない時代、
この国を滅ぼさないための
ほんとうの教養とは——？
ビジネスパーソンも、大学生も必読！
博覧強記の思想史家が説く、
これからの「温故知新」のすすめ。

ISBN978-4-309-63103-5

河出新書
003

一億三千万人のための『論語』教室

高橋源一郎
Takahashi Genichiro

『論語』はこんなに新しくて面白い！
タカハシさんによる省略なしの
完全訳が誕生。
社会の疑問から、人間関係の悩み、
「学ぶこと」の意味から「善と悪」まで。
あらゆる「問い」に孔子センセイが答えます！

ISBN978-4-309-63112-7

河出新書
012

一日一考　日本の政治

原 武史
Hara Takeshi

毎日ひとつ、366人の言葉から
この国の政治とは何かを考える。
政治家や研究者のみならず、
作家、宗教家、無名の庶民まで。
歴史の深い闇に埋もれた言葉の数々は、
私たちの日常を読み解く鍵となる。

ISBN978-4-309-63133-2

河出新書
032